ひとりビジネスの教科書 Premium

自宅起業でお金と自由を手に入れて成功する方法

ひとりビジネス習慣の専門家
佐藤 伝
Satoh Den

Gakken

「ひとりビジネス」を、始めてみませんか？

ちょっと、待って！
そもそも……、「ひとりビジネス」って、何のこと？
答えは、簡単。
あなたが主役になる「自宅起業のこと」です。

「ひとりビジネス」を始める人の立場はさまざま！
誰でもスタートを切れます。

あなたが今、会社員なら、まずは副業として。
専業主婦でも、学生でも、シニア世代でも、
ラクラク成功している人はたくさんいます。

どんな人でもスタートが切れる！

専業主婦

ママ友の横のつながりが大きな武器になる。コミュニティを作って、ワイワイ楽しく稼ごう。

会社員＋副業

今の会社を辞める必要はない。はじめは副業でOK。軌道に乗ってから独立を！

シニア

ベテランならではの経験や人脈は貴重な財産。コツコツ稼げば、セカンドライフも安心だ。

学生

SNSを上手に活用すれば、勉強しながら稼げるようになる。新しい働き方を見つけよう。

オーダーに合わせる「受注型」の働き方にサヨナラしましょう！
「ひとりビジネス」は、お客さんと信頼し合える「提案型」のビジネスです。

受注型

与えられる仕事・要求を待ち、
締め切りまでに仕上げるスタイル。

提案型

自分から、どんどん提案して、
商品・サービスを売るスタイル。

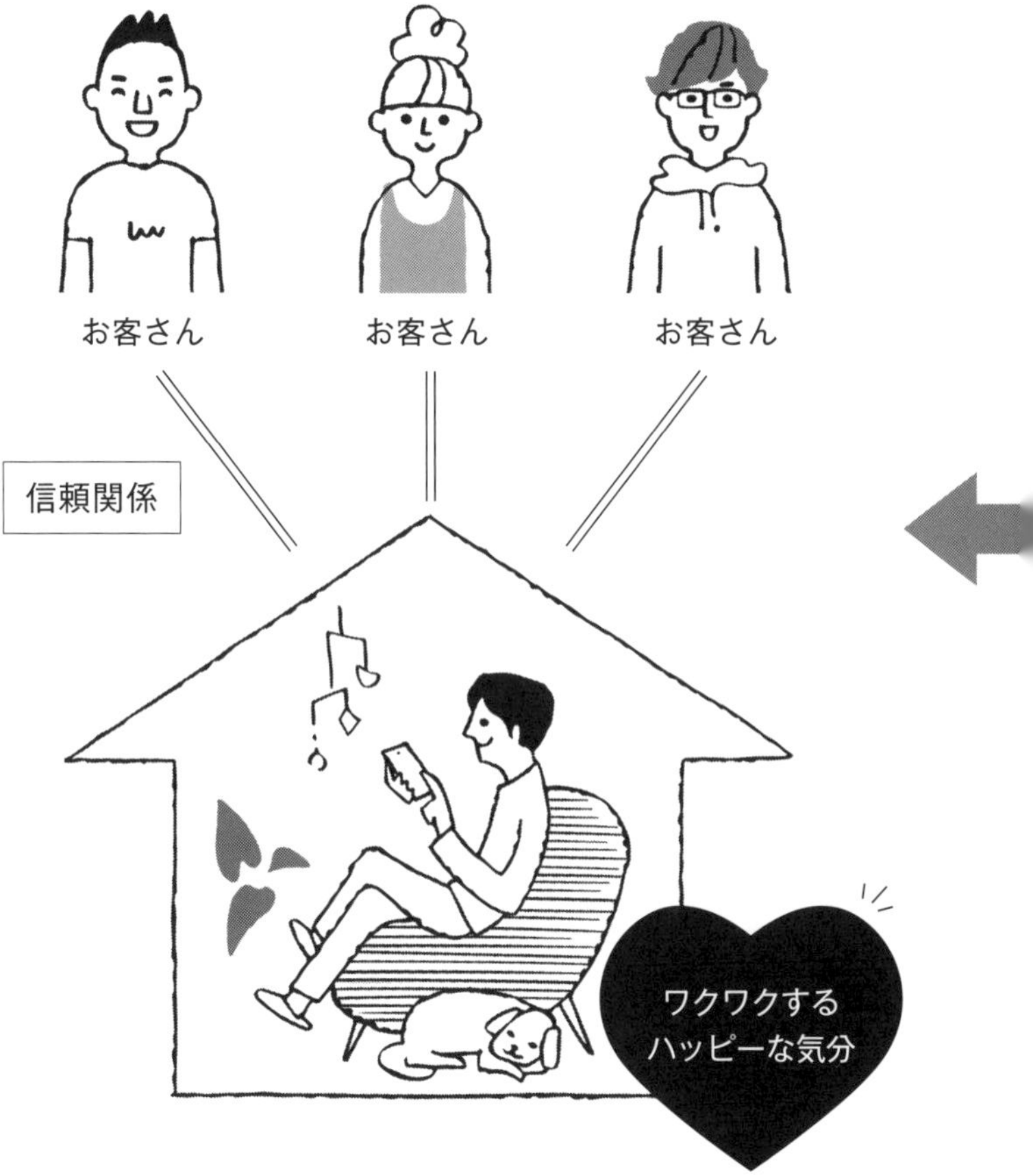

得意なことで成功したい人、キャリアや専門知識を活かしたい人。
「ひとりビジネス」を始めるきっかけは、人それぞれです。
やりたいことが見つからない人でも、まず始めることでゴールが見えてきます。
スタートもゴールもあなた次第！
「イイ気分」で人生を思い切り楽しめば、それでいいのです。

得意なことを
活かして
ビジネスにしたい！

キャリア（経験）や
専門知識で
儲けたい!

やりたいことがない。
何をやればいいのか、
わからない

得意なこと		ひとりビジネス
文章を書く	▶	あなたの半生を本にします！
料理	▶	料理のコツを動画で教えます！
整理整頓	▶	掃除のアイデアをイラストで配布

専門知識		ひとりビジネス
動画編集	▶	動画編集のセミナーを開催！
特許の知識	▶	申請のコツを小冊子で配布
心理学	▶	カウンセリングを1対1で！

「ひとりビジネス」をスタート！

好きな商品・サービスを
自分のブログで紹介する

▼

アフィリエイトしながら、
本当にやりたいことを
あせらず探していく！

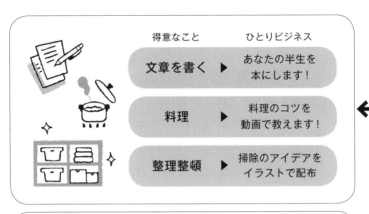

「ひとりビジネス」は、大好きな人とチームを組んで仕事をします。
だから、あなたを応援してくれるお客さんとの関係も良好です！

あなたのチーム

あなたが中心になって、メンバー全員で
得意なことを分担。
いつでも相談し合えるから、孤独ではない。

「ひとりビジネス」はファンビジネス！小さなチームで大きなコミュニティを作ろう

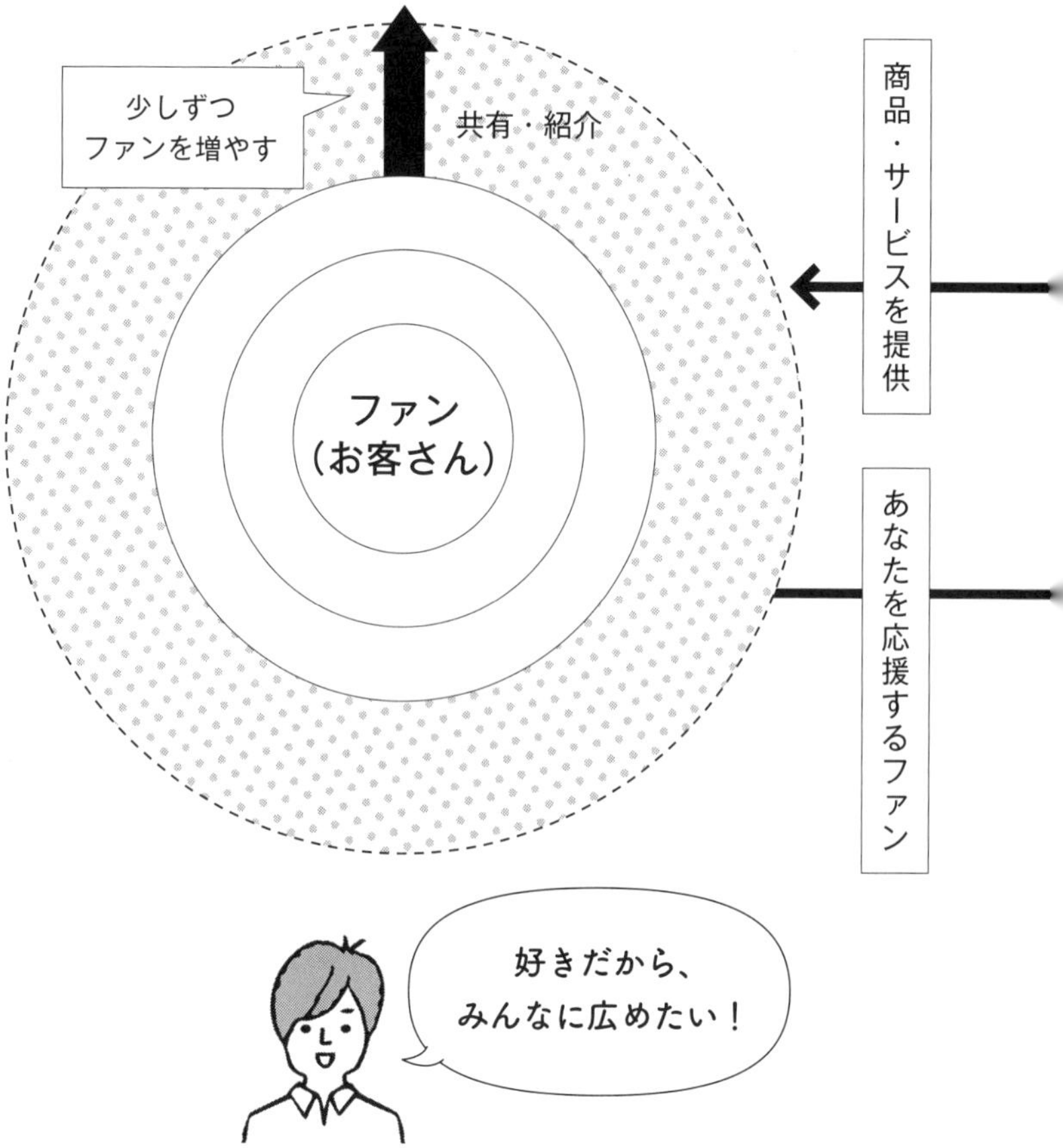

「ひとりビジネス」なら、
価値観の合う仲間と助け合い、励まし合いながら、
自分らしいやり方で社会に貢献できます。

お客さんに感謝されて、ハッピーになれます。

仲間やファンと交流すれば、視野が広がり、
あなた自身も成長できます。

そんなビジネスのやり方があるとしたら、
知りたくはありませんか?

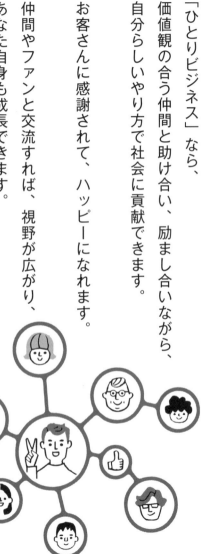

さあ、いっしょに新しい扉を開きましょう！
今から、あなたをワクワクする
「ひとりビジネス」の世界にご招待します。
ともに成長していきましょう！

CONTENTS

第1章

【テーマ編】成功の秘訣は「コンセプト」にあり！

第2章

【コンテンツ編】オリジナルにこだわりすぎない！

第3章

【インターネット編】

「自分メディア」で情報発信せよ！

第4章 【集客・販売編】ネットとリアルの二刀流で売る！

第5章

【広告・運用編】儲かり続ける「お金」の仕組み

第6章

【コミュニティ編】小さなチームで、人生の支えをつくる!

序章

「ひとりビジネス」で がっちり儲ける

「ひとりビジネス」の時代は、すでに始まっている

大きな企業に勤めていれば安定・安心の時代は終わりました。組織を優先させ、眉間にシワを寄せながら働くワーキングスタイルは、すでに過去のものです。「上司と部下」という主従関係が、過去の遺物になりつつあります。

アメリカで２０１９年10月に実施されたフリーランス実態調査「Freelancing in America」によると、フリーランス人口は約５７００万人。これは、全米の労働人口の38％。まさに３人にひとりが、「ひとりビジネス」をしているわけです。

日本は遅れていますが、少しずつ「ひとりビジネス」の時代に突入しつつあります。

内閣府は、２０１９年7月に、フリーランスに関する初の調査レポートを公表しました。レポートによると、日本のフリーランスは３４１万人で、就業者人口６６２０万人の約５％、うち１１２万人が副業と見られています。「ひとりビジネス」は、世界的な

日本のフリーランスは全体の約5％

内閣府では2019年7月、フリーランスに関する初の調査レポートを公表した。

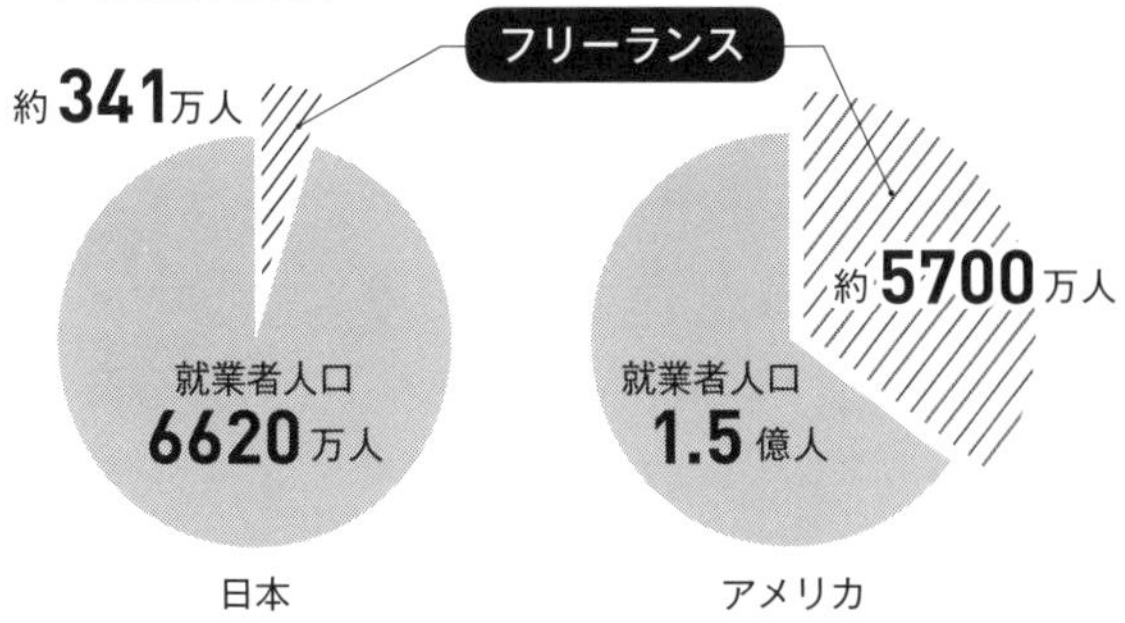

令和元年7月　内閣府政策統括官（経済財政分析担当）「政策課題分析シリーズ17 日本のフリーランスについて」をもとに作成

流れです。個人が自立して働く時代がそこまで来ているのです。少し前までは、

「えっ、ひとりで仕事しているの？」

とビックリされましたが、おそらく何年かあとには、

「えっ、まだ会社に勤めているの？」

と驚かれるようになるでしょう。

誰もが当たり前のように自立して、イキイキ仕事をする時代がやってくるのです。

組織にとらわれず、好きなときに、好きな場所で、好きな人たちとゆるやかにつながって、あなた自身を活かしながら社会に貢献する時代がやってきます。

リモートワークや在宅勤務が働き方の新たなスタンダードに！

2020年は、「新型コロナウイルス」の年として人類の歴史に刻印されることになるでしょう。

未曽有のコロナ禍により、ワークスタイルもライフスタイルも、ともに激変していくことは、もはや間違いのない事実です。


業種や職種によってはリモートワークが当たり前になったことで、

「会社に行かなくても仕事はできる！」

と気づいた人も多いのではないでしょうか。

社内ウェブ会議で画面を共有しながら打ち合わせをすることが当たり前になり、「働き方改革」をいっきに進める土壌ができました。ウェブ会議をするための通信環境を整えたり、スペースを確保したりしながら、在宅で仕事をする状況に追い込まれたからです。

２０１９年末には、有料会員が約１０００万人だった ウェブ会議サービス「ズーム（Zoom）」は、コロナウイルス感染拡大とともに利用者が急増。２０２０年４月には、１日の会議利用者数がなんと３億人のサービスに急成長しました。

リモートワークによって、たくさんの人が、インターネットでつながる経験を得たため、仕事で動画やＳＮＳを使うことが特別ではなくなったのです。


自宅起業「ひとりビジネス」は、ひとりで完結するビジネスではありません。

連携するメンバーとの打ち合わせや、商品・サービスを提供するお客さんとのやり取りは、インターネット上のコミュニケーションがベースになります。

そんなとき、リモートワークの経験が必ず生きてきます。

インターネットを利用するすそ野が大きく広がった今こそが、「ひとりビジネス」をスタートさせるベストなタイミングなのです。

リモートワークでお客さんが増える

リモートワークにより、自宅で仕事をやる環境が整う。このことは、つまり、「ひとりビジネス」の潜在的なお客さんの数も同時に増えるということになる。

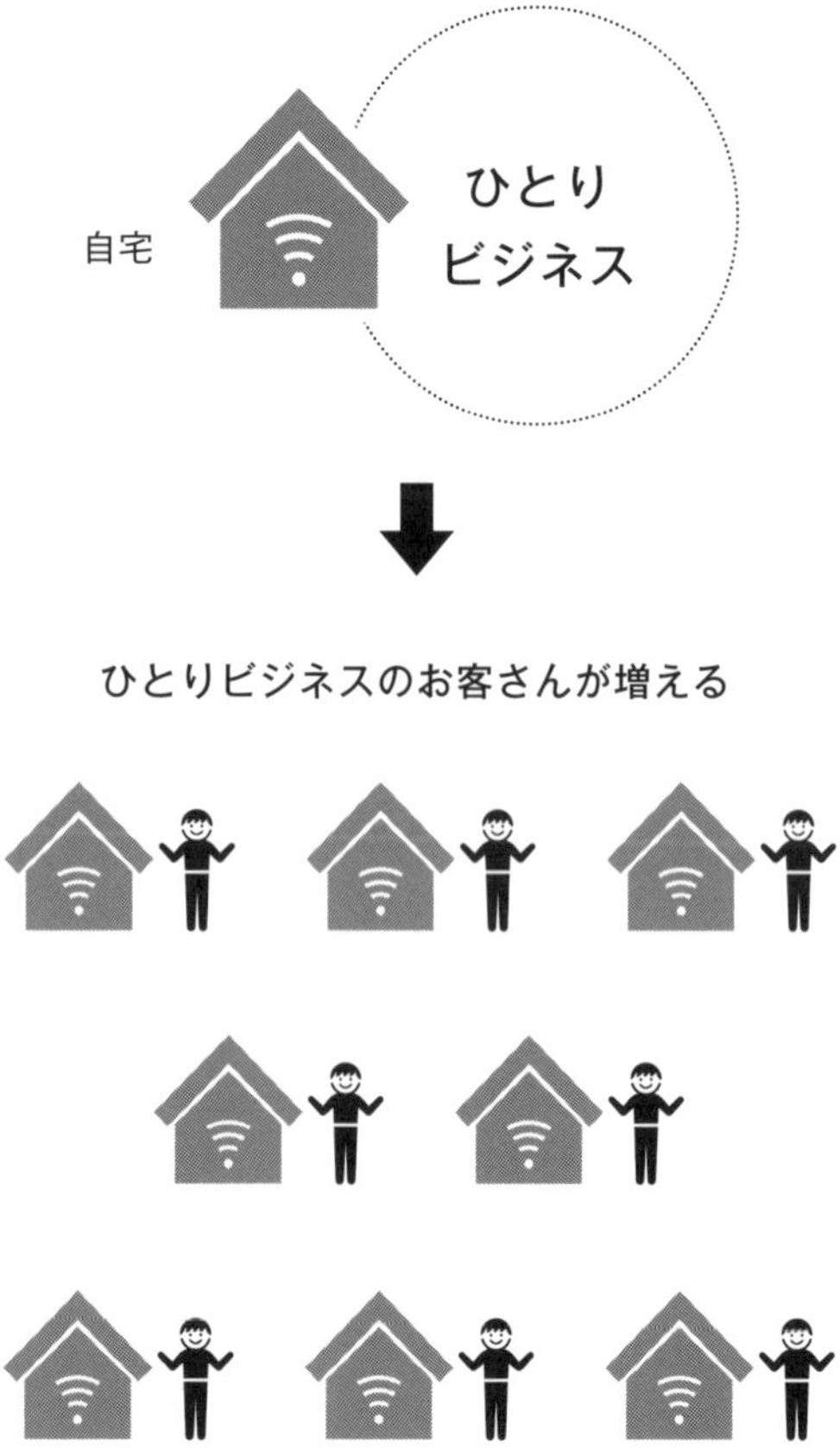

給料＋副収入で今よりもっと自由になろう

私が「ひとりビジネス」をすすめる理由は、2つあります。

1つは、働いているうちに、やりたい仕事の内容が変わるからです。

「私は一生、営業として、第一線で働く！」

などと鼻息を荒くする人がいるかもしれませんが、将来やりたいことが変化してきたときに、どうすればいいでしょうか。組織の中では、自分の好き勝手に仕事を変えることはできません。でも、「ひとりビジネス」なら、自由に変更できます。

もう1つは、人間関係に悩まされなくてすむからです。

会社勤めをすると、何年も（人によっては何十年も）、決まった部署で働くように決められてしまいます。部署が変わらなければ、人間関係も固定されてしまいます。

「ひとりビジネス」なら、わずらわしい会社の上下関係とは無縁。「この人とは合わないな」と思ったら、次からその人と組まなければいいだけです。
自分の興味、経験、強みを活かして、自由に自分のメッセージを発信しながら、お客さんが「ありがとう！」と感謝し、お金を払ってくれる。

「ひとりビジネス」は、最高にハッピーなストレスフリーなビジネスモデルなのです。

「ひとりビジネスとフリーランスは、何が違うのですか？」

という質問を、ときどき受けます。

一般的にフリーランスは相手に合わせることが多い、いわゆる受注型。一方、「ひとりビジネス」は、もっと主体的な提案型。自分から商品やサービスを売っていきます。

どちらも個人事業主ですが、マインドが大きく違うのです。

「ひとりビジネス」を始めれば、**価値観の合う仲間と助け合い、自分らしいやり方で社会に貢献し、お客さんに感謝されながら、経済的にも精神的にも豊かになれます。**

個人事業主という絶妙のポジションで、複数の収益を生む機会（キャッシュポイント）を作って、お金を稼げます。

お金を増やそうと考えたときに、「キャリアを増やそう」とする人がいますが、「ひと

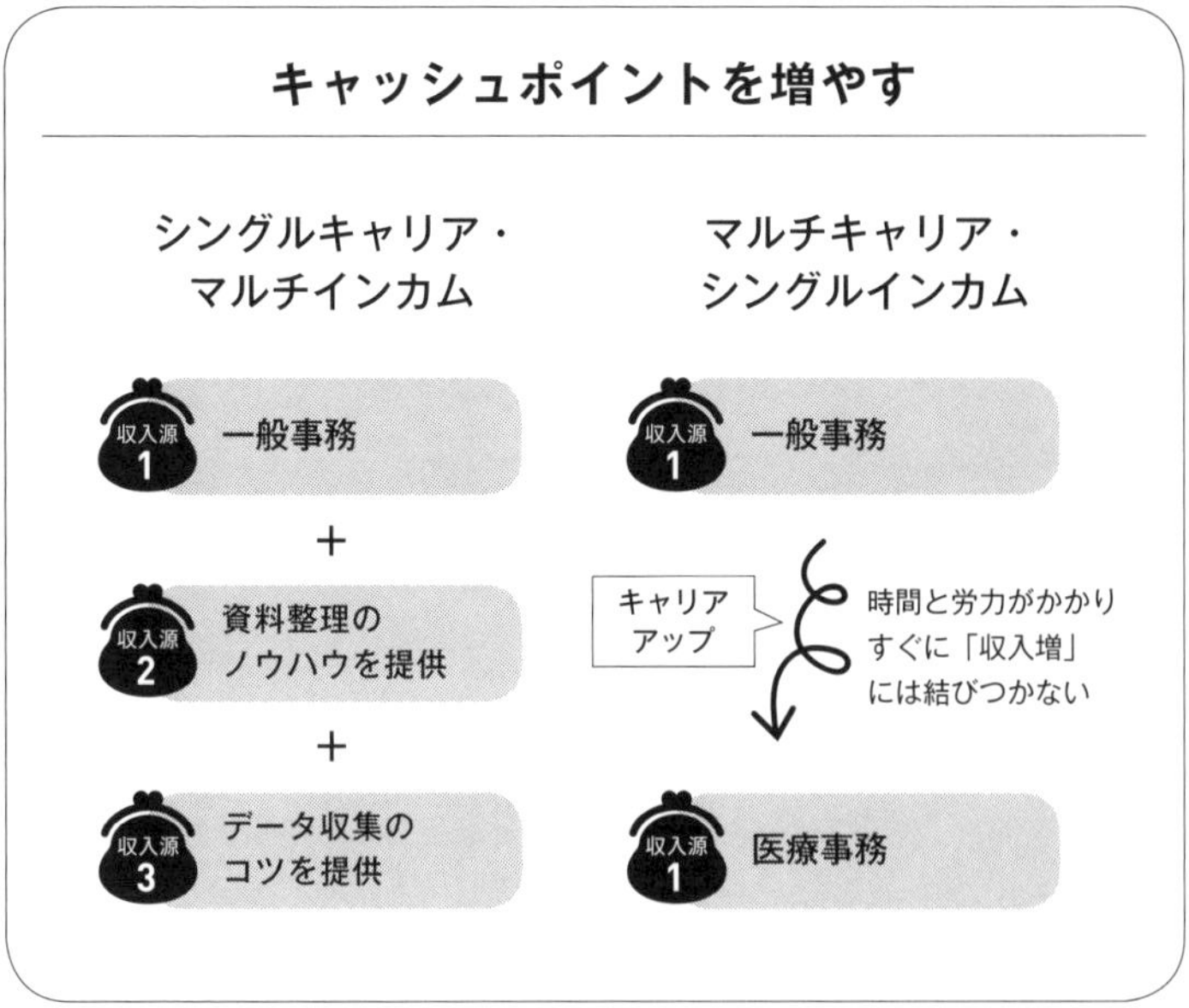

りビジネス」では、「シングルキャリア・マルチインカム」をめざします。今までやってきた仕事を活かして、キャッシュポイントを増やしながら年収をアップさせていきましょう。

では、増えたお金の先にはいったい何があるのでしょうか。

ズバリ「自由」です。

お金のエネルギーは、自由へとつながっています。**マネーとフリーダムには強い親和性があるのです。**

「お金がほしい！」と宣言することに抵抗がある人は、「自由がほしい！」と宣言するように心がけてみましょう。

会社を辞めなくてもＯＫ！
主婦でも始められる「自宅起業」

「ひとりビジネスを始めよう！」

と言うと、いきなり会社を辞めてしまう人がいます。

でも、ストップ！　「ひとりビジネス」を始めて、すぐに売り上げが立つ保証はありません。１か月、半年、１年……と時間だけが過ぎてしまう可能性もあるのです。

そう、今あなたが会社に勤めているなら、

「会社を辞めずに、ひとりビジネスにトライしてみましょう！」

というのが、私の主張です。


私の経験上、感情的になって会社を辞め、突然「ひとりビジネス」を始めてうまくいった人を見たことがありません。準備不足のまま退職・辞職した人たちは、いったい何をするかというと……勉強なのです。

自由な時間が増えるので、図書館で本を読み、いろんな人のセミナーをわたり歩く。でも、インプットばかりで何1つアウトプットしない。これでは結果も出ません。

それに、会社を辞めて急に収入がゼロになってしまうと、「お金を稼がなくては！」というプレッシャーで余裕がなくなり、いい発想も湧いてきません。

生活費として一定の収入を確保するためにも、いきなり会社を辞めるという大きなリスクを冒《おか》さないことです。

「会社が副業を禁止しているので、『ひとりビジネス』はムリです」という人がたくさんいるのですが、実際には、ダメだと思い込んでいる場合がとても多いのです。

まずは、契約書や就業規則を確認してみましょう。

責任者に相談してみたところ、「本業に支障のない範囲ならよし」「会社のPRになるからOK」など、意外な回答をもらったという人も少なくありません。

専業主婦の方なら、家事に差《さ》し障《さわ》りのない範囲から小さく始めましょう。

いきなり「ひとりビジネス」に没頭して、パートナーや家族をほったらかしにしてしまっては、幸せな成功（ハッピー・サクセス）はつかめません。

実は、**専業主婦は「ひとりビジネス」で成功しやすいのです！**

ママ友が多ければ多いほどうまくいく。なぜなら、エンロールパワー（人を巻き込む力）が、ビジネスパーソンよりも圧倒的に強いから。「ひとりビジネス」は、口コミやコミュニティの基盤があると、成功しやすいのです。

人と人とが関係し合って生まれるのが、「ひとりビジネス」なのです。

「私にはなんのスキルもないから……」

なんて、心配は無用。あなたのエンロールパワーを活かしてください。

また、シニア世代の方は、年齢を気にされる場合が多いのですが、これも心配はいりません。

シニア世代の方は、培《つちか》ってきた経験や知識を活かせます。

始めてからすぐに結果が出るわけはないので、楽しみながらマイペースで始動していけば、人生というあなたの作品が、マスターピース（傑作）になるはずです。

「ひとりビジネス」を副業でやる理由

会社の給料があれば、「ひとりビジネス」の成長がゆるやかでも、心配はない。一方、会社を辞めて収入ゼロになると、じっくりビジネスに取り組む余裕がなくなる。

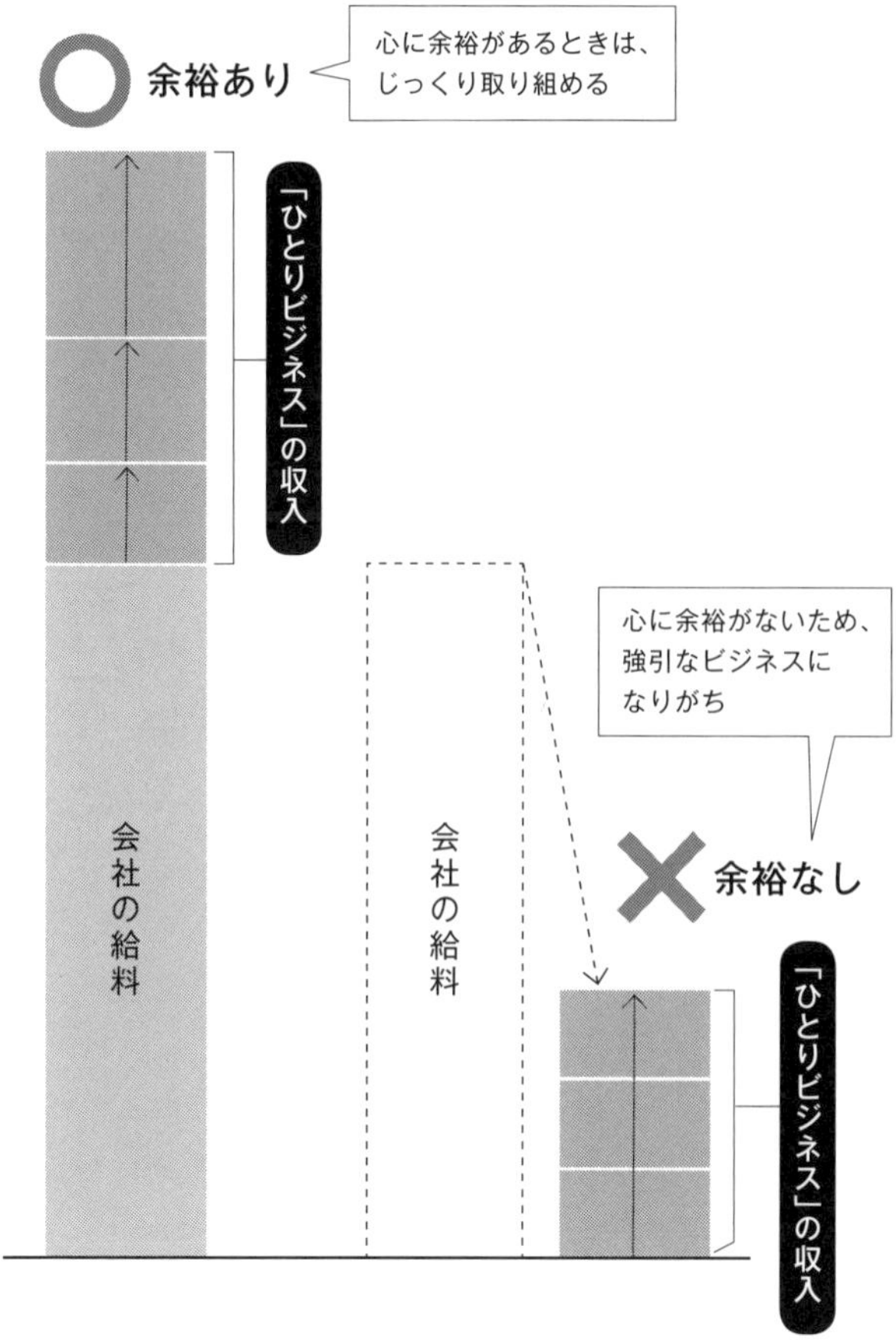

「貯金ゼロ」でも大丈夫！小さく始めて大きく育てる

「伝ちゃん先生、ひとりビジネスを始めたいんだけど、お金がありません」

という相談が、とても多くあります。

大丈夫！　実は貯金がない人のほうが「ひとりビジネス」はうまくいきやすいのです。貯金がない人はお金をかけられないので、頭を使います。

たとえば、お金がないAさん。貯金が100万円あるBさん。この2人がインターネットを使って「ひとりビジネス」を始めたとしましょう。

Aさんは、お金もホームページを作るスキルもないので、無料で専門的な知識がゼロでも始められるアメーバブログ（アメブロ）をスタートさせました。

一方、Bさんはお金があるので、図書館で半年間しっかり勉強してから、ホームページもブログも専門家に依頼して、100万円かけて作りました。

大きく投資しない人のほうが成功しやすい

準備のために時間やお金をかけすぎると、「早く回収しなければ」とあせる。投資額が小さいほうが、落ち着いて取り組めるので成功しやすい。

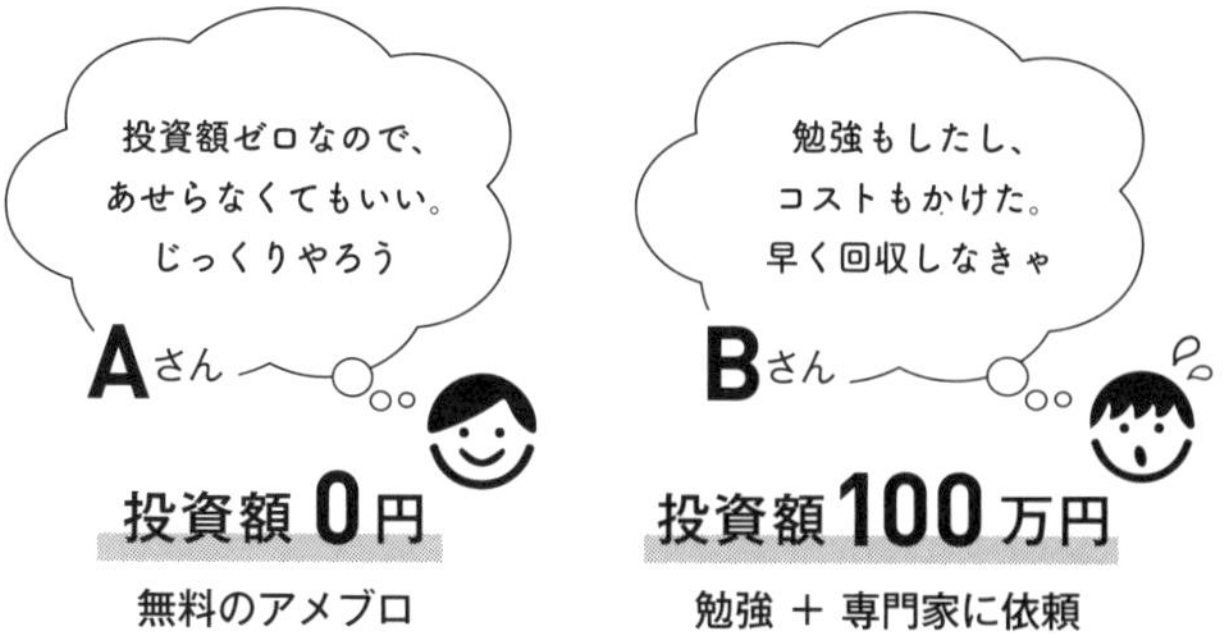
投資額ゼロなので、
あせらなくてもいい。
じっくりやろう
Aさん
投資額0円
無料のアメブロ
勉強もしたし、
コストもかけた。
早く回収しなきゃ
Bさん
投資額100万円
勉強 ＋ 専門家に依頼

さて、どちらが先に、「ひとりビジネス」として成功すると思いますか？

結果は、Aさんです。Aさんは初期投資していませんから、「これだけ売らなければ赤字になる」というあせりがありません。

ところが、Bさんは、投資した１００万円を回収しようという心理が働いて、強引な商売をしてしまいます。

そのちょっとした気持ちの差が、成否を分けてしまうのです。

特別な才能は不要です。それよりも、自分の興味、経験、強みを、どうビジネスにリンクさせるかというアイデアが大事です。

人脈も、「ひとりビジネス」を続ける過程で、広げていけばいいのです。

お金、人脈、知識は走りながら同時進行で増やす

「ひとりビジネスを始めましたか？」と聞いたときに、「今、お金をためています」と答える人がいます。

失敗したくないので、きちんと準備をしてから始めたいと考えるからでしょう。

では、いくらたまったらＯＫなのでしょうか。

１００万円ですか？　２００万円ですか？　それとも、３００万円ですか？

そもそも、そんなに効率よく貯金できる方法があれば、それをビジネスにしたほうがいいと思いませんか？

「○○したら、やろう」と考える2段階思考タイプの人は、失敗しがちです。

あなたは、次のように考えていませんか？

時間ができたら、やろう
貯金がたまったら、やろう
人脈ができたら、やろう
知識が増えたら、やろう

条件をつけて、すぐに動こうとしない人は、その条件を言い訳にします。いつまでたっても、万全な状態になることはないので、残念ながら、スタートする前にあきらめてしまいます。

「ひとりビジネス」では、貯金も、人脈も、知識も、同時進行（シンクロ）で補っていける人が成功します。

走りながら足りない部分を補強していく。このように同時進行で行動する考え方を「シンクロ思考」と呼んでいます。

走り出さなければ、見えない景色があります。

あなたがスタート地点で腕組みをして逡巡《しゅんじゅん》している間に、シンクロ思考ができる人は、はるか彼方に走り去ってしまっています。

走りながら考える「シンクロ思考」をめざせ

「○○したら、やろう」とスタートを先送りにする人は、「ひとりビジネス」に向いていない。向いているのは、すぐに実行してビジネスをやりつつ修正していこうとする人だ。

× 「○○したら、やろう」

時間	…	自由な時間ができたら、やろう
貯金	…	100万円たまったら、やろう
人脈	…	10人の支援者ができたら、やろう
知識	…	20冊本を読んでから、やろう

○ 「同時進行でやろう」＝「シンクロ思考」

今、学ぶべきことは？
今、いちばん足りないのは？
今、大切にすることは？

そもそも「ひとりビジネス」でどのくらい稼げるの？

「ひとりビジネスって、いくら稼げるの？」

「100万円？　1000万円？　もしかして、それ以上？」

お金のことって、やっぱり気になりますよね。

でも、正直なところ、これはもうピンキリとしか言えません。

手取り額で、ひと月3万円くらいから始まりますが、稼いでいる人は、それこそ年収何千万円になります。

私の知る範囲で、稼いでいる人のマックスの手取り年収は、2億円です。

それでは、「ひとりビジネス」を始めるとき、具体的な売り上げ目標を立てる必要はあるのでしょうか？

答えは、人によって変わります。

数値を設定することでプレッシャーを感じ、自由に行動しにくくなるプロセス型の人なら、目標設定は不要です。そもそも、目標とは、行動を加速するものでなければ意味がないので、数値に縛《しば》られる必要はありません。

また、自分で計画を立てて、コツコツ努力できる人も、はじめにノルマを決める必要はありません。

逆に、数値を見るとやる気が起きて、行動しやすくなるゴール型の人もいます。ノルマの数値を見ると燃えてくる。そんな人なら、はじめに目標の数値を設定したほうが、いい結果が出るでしょう。

次ページの「目標を立てなくてもよい人・立てるべき人」のテストで、自分がどちらのタイプなのかを、確認しておきましょう。

大事なのは、自分がワクワクするかどうか。

「ひとりビジネス」では、「○○であるべき」とか「××すべき」と考えないこと。自分の「ワクワク感」を大切にして、ビジネスの苗をじっくり育てていきましょう。

目標を立てなくてもよい人・立てるべき人

どちらのタイプか、YES・NO チェックで確認しておこう。

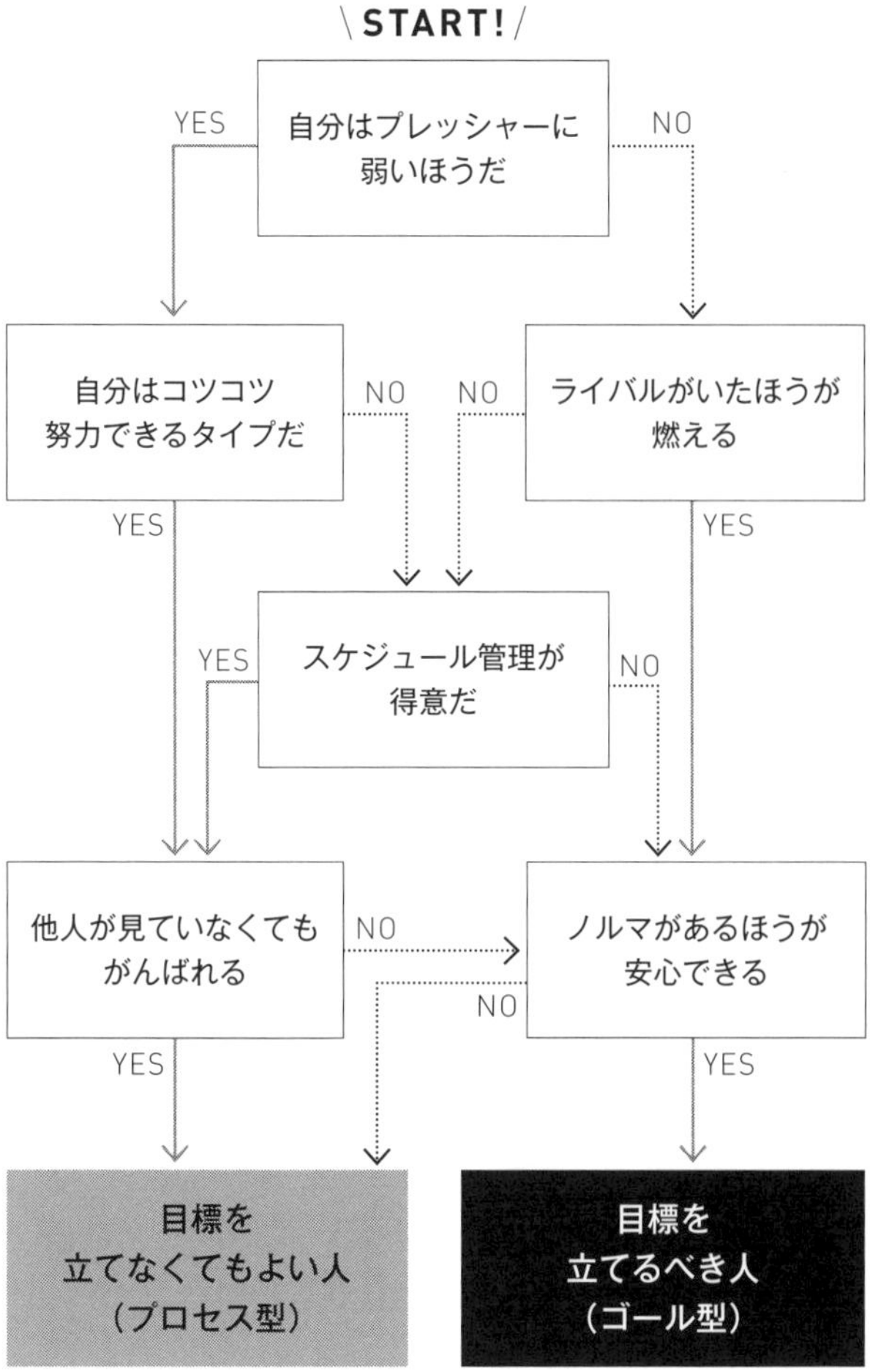
\START!/
自分はプレッシャーに
弱いほうだ
YES
NO
自分はコツコツ
努力できるタイプだ
NO
YES
ライバルがいたほうが
燃える
NO
YES
スケジュール管理が
得意だ
YES
NO
他人が見ていなくても
がんばれる
NO
YES
ノルマがあるほうが
安心できる
NO
YES
目標を
立てなくてもよい人
（プロセス型）
目標を
立てるべき人
（ゴール型）

第1章

【テーマ編】

成功の秘訣は「コンセプト」にあり！

「ひとりビジネス」を成功へ導く5つのフェーズ

はじめに、とても基本的なことをお伝えします。

あなたは今、どんな状態ですか？

「起業したいと思うけれど、何をやればいいのかわからない」

「『ひとりビジネス』に興味はあるけれど、やる自信がない」

というあなたは、フェーズ1です。


「ひとりビジネス」には、5つのフェーズがあります。

まだスタートを切っていないあなたは、フェーズ1「迷いの状態」のポジションにいる人です。

でも、心配ありません。ほとんどの人が、このフェーズ1に属しています。

私の経験では、次ページの図のように、7割以上の人がフェーズ1「迷いの状態」にいます。「ひとりビジネス」を始めたり運営したりしているフェーズ2〜5の状態に属している人は、残りの3割以下です。

フェーズ2「テーマを決める」まで進めば、誰に、何を、どのようにして提供するかがはっきりします。フェーズ3「コンテンツ作り」まで進めば準備完了。フェーズ4「集客・販売する」の段階では、どうすればお客さんをたくさん集めて、売り上げを上げることができるかを考えます。そして、最後のフェーズ5「自動化する」では、ほうっておいても儲かる仕組みを作ります。

フェーズ5に属している人はほんのひと握り。1日も早く、このフェーズに突入したいのはやまやまですが、途中のフェーズを跳び越すことはできません。急がば回れ。じっくり1つずつクリアしていきましょう。

この章では、フェーズ1「迷いの状態」からフェーズ2「テーマを決める」までを解説します。あなたが今、フェーズ3より上にいるとしても、耳を傾けてください。「ひとりビジネス」をよりよいものにするヒントが隠されているかもしれません。

「ひとりビジネス」のゴールは自動化

「ひとりビジネス」には、5つのフェーズがある。何もしなくてもお金が入ってくる「自動化」をめざそう！

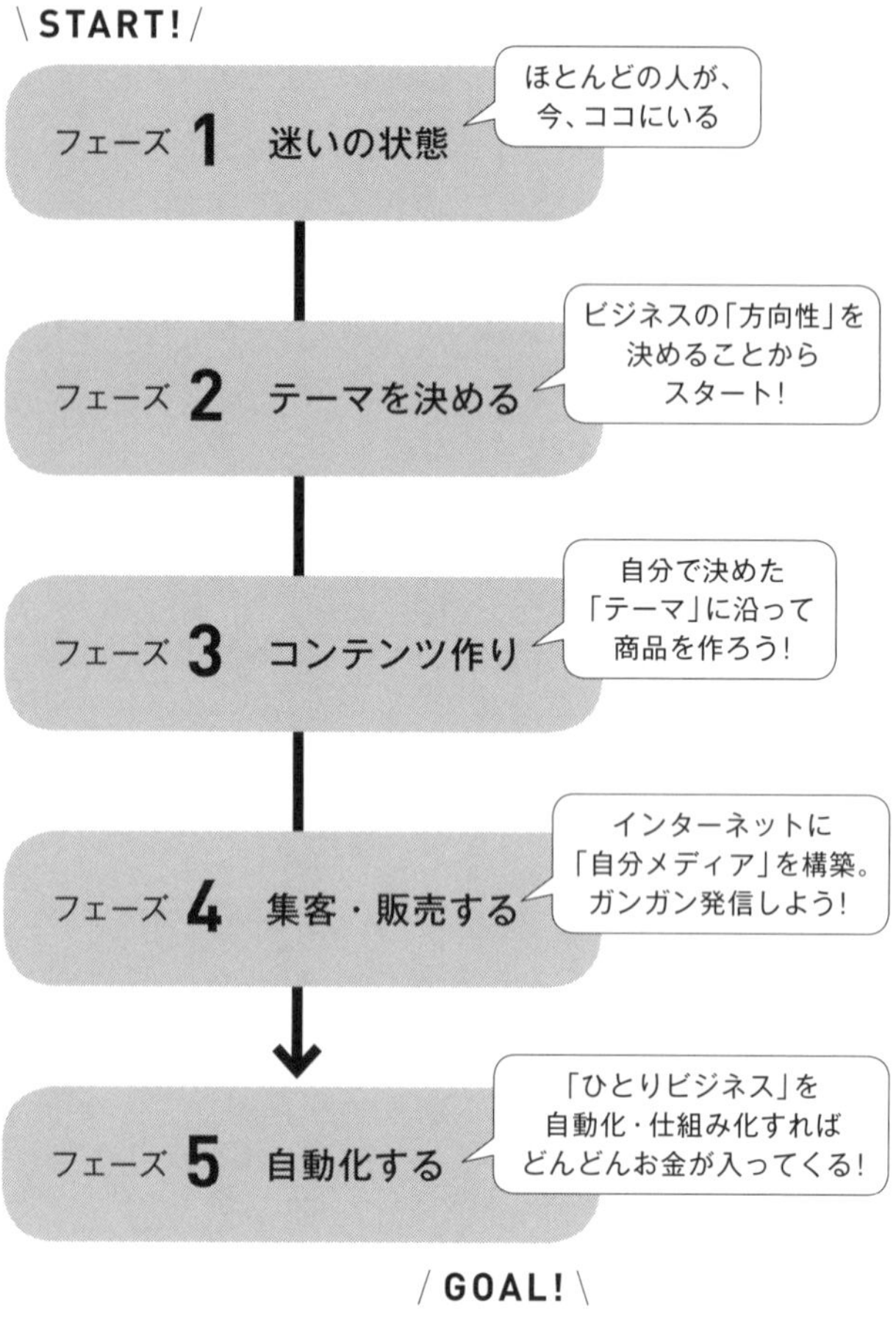

\ START! /
フェーズ 1 迷いの状態
ほとんどの人が、今、ココにいる
フェーズ 2 テーマを決める
ビジネスの「方向性」を決めることからスタート！
フェーズ 3 コンテンツ作り
自分で決めた「テーマ」に沿って商品を作ろう！
フェーズ 4 集客・販売する
インターネットに「自分メディア」を構築。ガンガン発信しよう！
フェーズ 5 自動化する
「ひとりビジネス」を自動化・仕組み化すればどんどんお金が入ってくる！
/ GOAL! \

よくある勘違い！「テーマ」と「手段」を取り違えるな

そもそも、「テーマを決める」とは、どんなことでしょうか。ある日、「伝ちゃん先生、テーマが決まりました！」とセミナーの出席者が声をかけてくれました。「どんなテーマ？」と聞くと、「コーチングです」と答えてくれました。コーチングの資格もすでに取得したそうです。でも、残念ながら、それはテーマではなく、手段です。

「ひとりビジネス」にかぎらず、どんなビジネスでも、**「誰に（対象）×何を（テーマ）×どのようにして（手段）」を決める必要があります。**

この場合、コーチングは「どのようにして（手段）」に当たる部分。「何を（テーマ）」を決めたことにはなりません。

テーマと手段を取り違えてしまう人はたくさんいます。そして、テーマを決めずにフェーズ3「コンテンツ作り」に突入すると、挫折してしまう危険があります。

この場合、コーチングを手段にすることに問題はありません。テーマが決まっていないことに問題があるのです。

コーチングで何をするのか？

ビジネスコーチング、エグゼクティブコーチング、恋愛コーチング……など、目的によって教える内容も変わります。

「誰に×何を×どのようにして」をセットにして考えなければ、「ひとりビジネス」の方向は定まらないのです。

「AからBへ変わる」方程式を使えば、簡単にテーマが決まる

では、どうすれば、うまくテーマを決められるのでしょうか。

ここで、とっておきの方程式を紹介します。


それは「AからBへ変わる方程式」です。


この場合のAとは、あなたの商品・サービスを利用する前のお客さんの状態。そして、Bとは、あなたの商品・サービスを利用した後のお客さんの状態です。

もっと簡単に「Aだった人がBになる」と言い換えてもＯＫです。

あなたが提供する商品・サービスで、お客さんがどう変わりますか？　どんな問題が解決できますか？　以前よりハッピーになれますか？

これを具体的にイメージできれば、おのずとテーマが決まります。

先ほどの「どのようにして（手段）＝コーチング」で考えてみましょう。

「A＝子育てで悩んでいる人」と仮定します。どんな状態か想像してみてください。子育ての時間が十分にとれない。夫が子育てに協力してくれない。ママ友の人間関係がぎくしゃくしている……。悩みの種はたくさんあります。

次に、「B＝子育ての悩みが解消してすっきりした人」の姿を想像してください。どうですか？　あなたは、その姿を見てワクワクしますか？

ワクワク感があるのなら、そのテーマは正解です。

「誰に（対象）×何を（テーマ）×どのようにして（手段）」が決まりました。

つまり、「誰に（対象）＝20～30代の子育てに悩んでいる女性」「何を（テーマ）＝子育ての悩みを解決する」「どのようにして（手段）＝コーチングの手法で」と当てはめることができます。

「ひとりビジネス」の目的は、ただのお金儲けではありません。そのビジネスを通じて、社会に貢献できることが大切です。

だからこそ、**「誰かの悩みや問題を解決して、よりよい状態にすること」がテーマになるのです。**

方程式で「ワクワクするか？」をチェック

お客さんの状態がＡからＢへ変わることを想像したとき、心の底から「ワクワク」するなら、それがあなたのテーマだ。

【ＡからＢへ変わる方程式】

子育てに悩む女性がスッキリした気分になる

Ａ　Ｂ

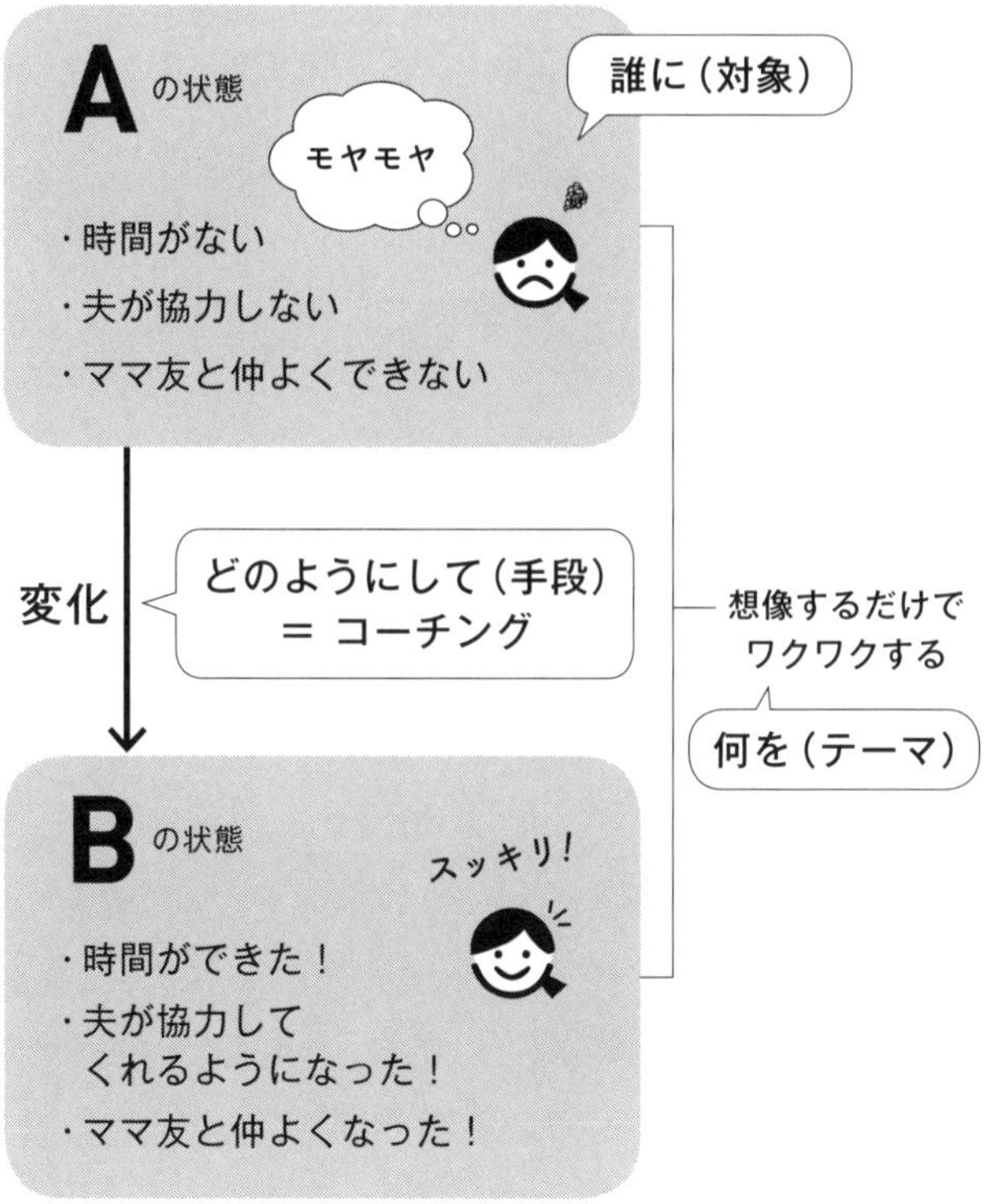

どんなテーマにすればいいのか、迷っている人は、この「AからBへ変わる方程式」に当てはめて考えてみてください。

すでにフェーズ3「コンテンツ作り」に進んでいる人も、考え直してみましょう。「ひとりビジネス」を始めている人なら、お客さんに聞いてみることもできます。ひとりで考えていると、同じところをぐるぐる回っている状態になりやすいのです。お客さんの意見を聞いているうちに、意外な答えが見つかるかもしれません。

明確なテーマを決めてから、フェーズ3「コンテンツ作り」に向かうのが理想。でも、走りながらテーマをブラッシュアップするというアプローチもあります。**あいまいな状態でスタートしても、途中で軌道修正すればOKです。**「はじめに決めたことを最後までやりとげる」と考えるから、息苦しくなるのです。ビジネスがよりよい方向に向かうのであれば、何度やり直してもかまいません。

何度かブラッシュアップをくり返している間に、思わぬ方向に向かったとしても、決して間違いではないのです。

井戸の水を掘り当てるように、テーマをブラッシュアップしよう!

「ひとりビジネス」は自分発信&人助けビジネスです。

「好きなことをやっているので、儲からなくてもいい」

という人がいますが、それはひとりよがりな幻想です。

「ひとりビジネス」はお客さんといっしょに作っていくもの。自分の好きなこと・得意なことだけをやれば、自己満足で終わってしまいます。

一方、他人が喜ぶことだけを無償で提供するのもNG。自己犠牲の精神は尊いのですが、それでは長続きしません。

「自分の好きなこと・得意なこと」の円と、「人に喜んでもらえること・お役に立てること」の円が交わる部分を深掘りしましょう。

また、「ひとりビジネス」は、井戸掘りにたとえることもできます。

地面を掘って水源に行き当たれば、水があふれて井戸になります。でも、見当違いのポイントを掘り続ければ、いつまでたっても水は出ません。

豊かな水源を発見するためには、発想を変えてみることも大事です。

インターネットでフィギュアを販売しているAさんという人がいました。Aさんにとってフィギュア制作は「自分の好きなこと・得意なこと」。フィギュアの完成度は高いのですが、まったく売れません。

ところが、発想をちょっと変えただけで、たちまち大成功。

お子さんやお孫さんがはじめてのランドセルを背負ったフィギュアを、小学校の入学祝いの記念の品として提供したからです。

フィギュアを作るのは「自分の好きなこと・得意なこと」。小学校の入学祝いは「人に喜んでもらえること・お役に立てること」。この2つの円が交わるポイントを深掘りしたことが、大ヒットコンテンツにつながりました。

このように、行き当たりばったりで始めても、やりながら軌道修正できるのです。

水源（成功ポイント）を探すコツ

「自分の好きなこと」と「人に喜んでもらえること」が交わるポイントを探して、そこを深掘りすれば大成功する。

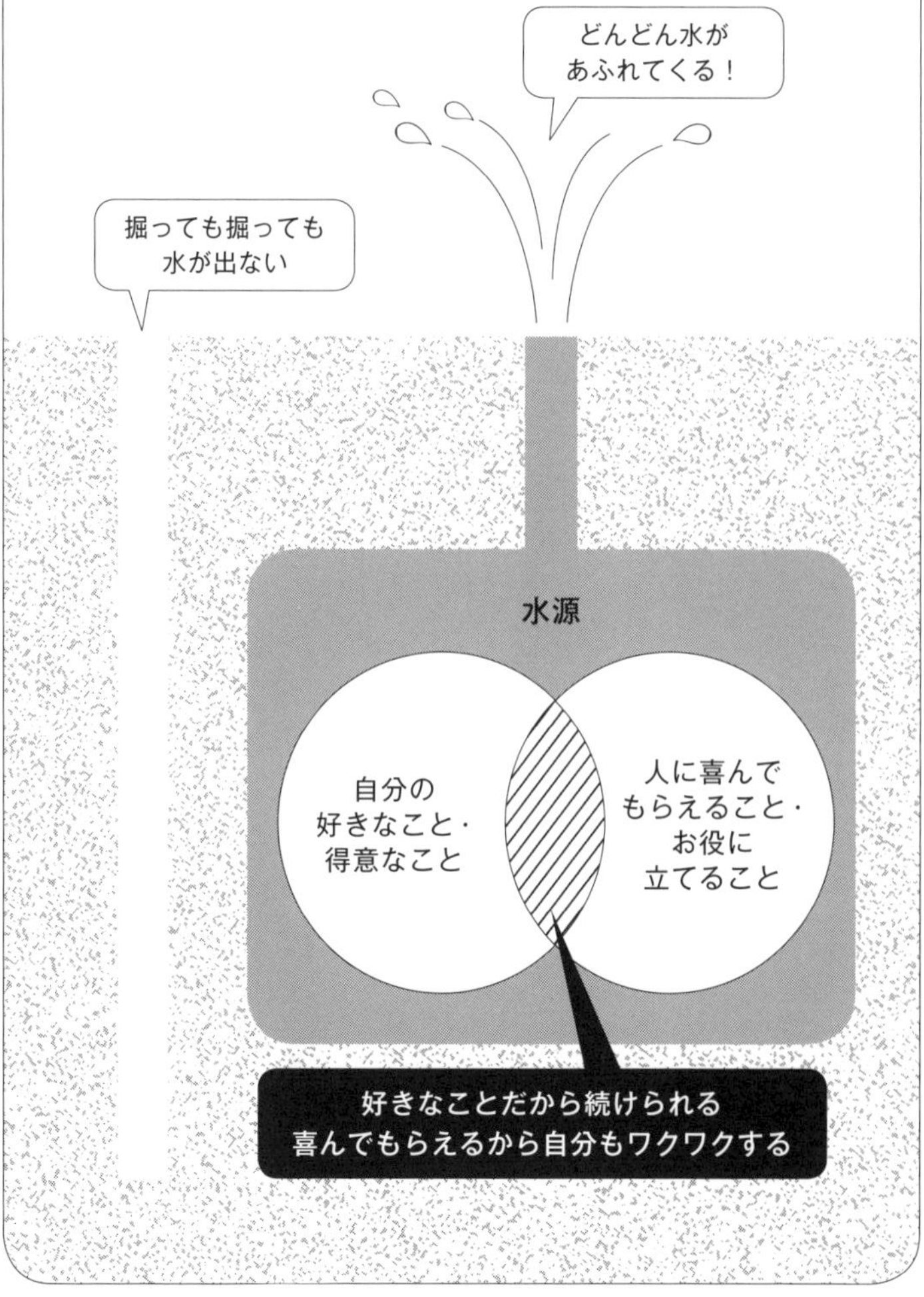

「何のために?」で突きつめて、ビジネスの根っこを言葉にする

あなたは、何のために「ひとりビジネス」をやるのでしょう?

あなたが「ひとりビジネス」をする理由は?

こんな問いかけに即答できる人は、なかなかいません。たいていの人が口ごもってしまいます。答えられたとしても、要領を得ない説明になってしまいます。

それは、テーマの奥にあるコア・メッセージが明確になっていないからです。


コア・メッセージとは、あなた自身のキャッチフレーズのようなもの。


「○○をして××を変える」

「△△の悩みを□□で解決する」

というように、あなたがやっている(やろうとしている)「ひとりビジネス」をイン

パクトのある短いフレーズで表現したものです。

以前、私がお手伝いした、とある出版塾にこんな話があります。

元出版社の社員さんたちで起ち上げたこの出版塾の内容は、とてもしっかりしていたのですが、売り上げの見込みが立たず、「もうやめようかな」と思っていたそうです。

主宰者側の彼らは、

「何がダメなんでしょうか？」

と聞いてきました。そこで、私は、

「みなさんのコア・メッセージは何ですか？」

と聞き返しました。

残念ながら、その問いに誰も答えられません。コア・メッセージがあいまいなのではなく、そもそもはじめから存在していなかったのです。

そこで、お手伝いをして、新たにコア・メッセージを作りました。

「本で世界を変える！」

短いメッセージですが、インパクトがあります。

このコア・メッセージを告知して、旗印を立てたとたん、その年の総売り上げが25倍

コア・メッセージを記入してみよう

「あなたのコア・メッセージはなんですか？」と尋ねられたとき、ズバリ、答えられるようになろう。

私のコア・メッセージは

・誰に（対象）
・何を（テーマ）
・どのようにして（手段）

わかりやすいフレーズにする

です！

以上になりました。出版塾の内容は何も変わっていません。すごい成果だと思いませんか？　コア・メッセージがお客さんの心に響いたからだと思います。

このコア・メッセージは「誰に（対象）、何を（テーマ）、どのようにして（手段）」が明確になっている人なら、考えやすいはずです。「あなたが何をしようとしているか」を、みんなにわかりやすく伝える、短いキャッチコピーを作ればいいのです。

ここで、もう一度、質問します。

「コア・メッセージはなんですか？」

上の空欄に書いてみましょう。そして、すぐ言えるようにしましょう。

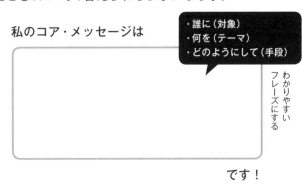

普段の会話の中に大事なヒントがある

うまくコア・メッセージを書けなかった人のために、ヒントを出します。

あなたがいつも口にしている言葉の中にヒントがあります。

「結局、○○でいたいんだよね」

「人生は、○○○だと思うんだよ」

「私は、○○で世の中に貢献したい！」

いつも口にしているのは、いつも意識しているということ。

普段、あなたがおしゃべりしている、その会話の中にこそ、コア・メッセージにたどり着くヒントが隠されているのです。

「もしかして、このフレーズ、私のコア・メッセージになるかも？」

と思えたら、そのフレーズを口に出して、３つのポイントをチェックします。

①そのフレーズを聞いただけでワクワクする
②そのフレーズを実現できるなら、休日に仕事をしてもいい
③そのフレーズを形にするためなら、無償で人を助けることもできる

どうですか？　①～③のチェックポイントに、すべて「イエス！」と即答できるのなら、それがあなたの真のコア・メッセージです。

コア・メッセージは、個人のキャッチフレーズであると同時に、あなたの「ひとりビジネス」の旗印になります。

これが決まれば、「ひとりビジネス」の勢いがどんどん加速していきます。
ビジネスがうまくいかなかったり、行き詰まったりしたときも、このコア・メッセージを思い出して原点にかえることで、ブレずに再スタートすることができるのです。

コア・メッセージを自分の旗印にしよう！

旗印は、迷ったときに初心にかえるための目印になる。「何をめざし、何をやりたいのか」を示すキャッチフレーズにもなる。

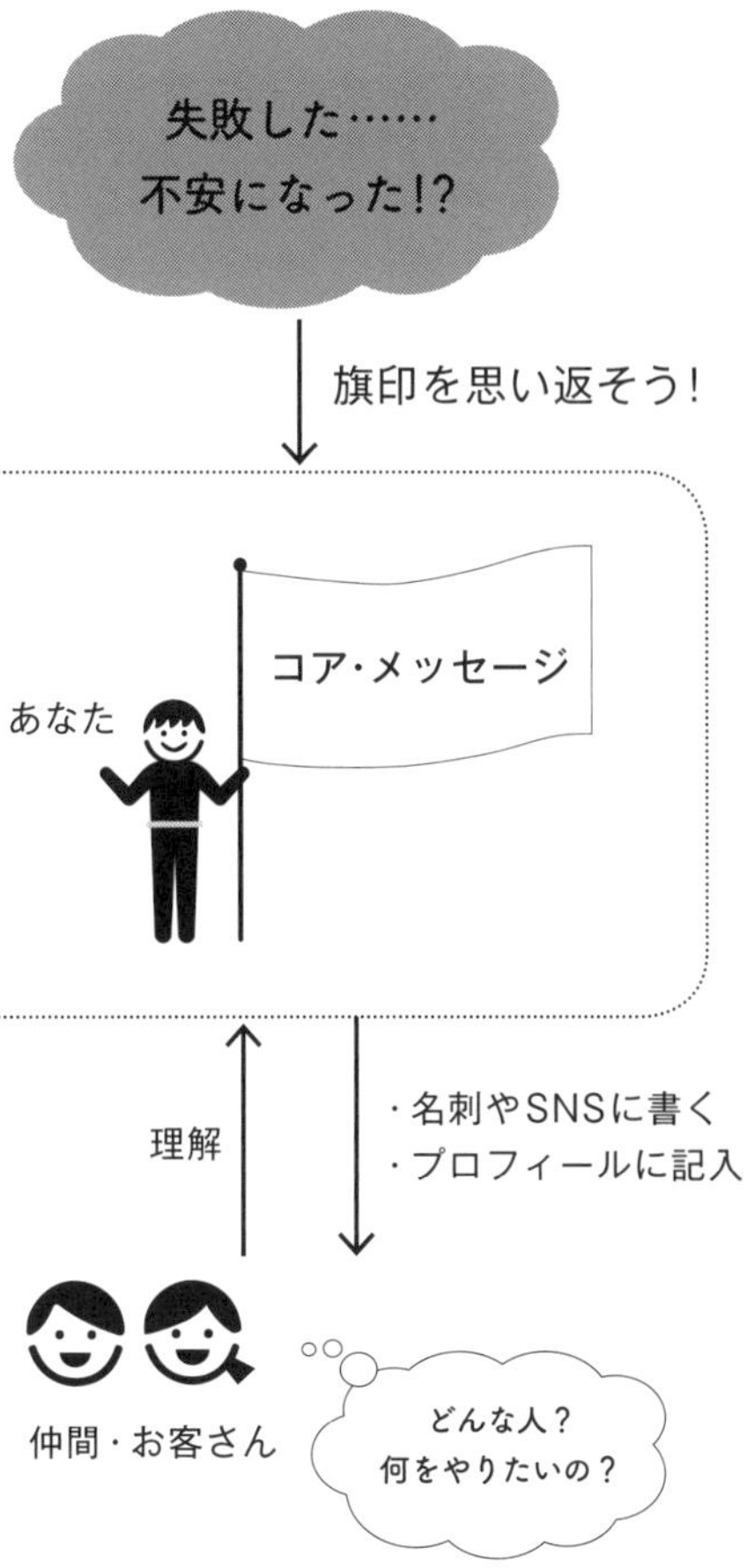

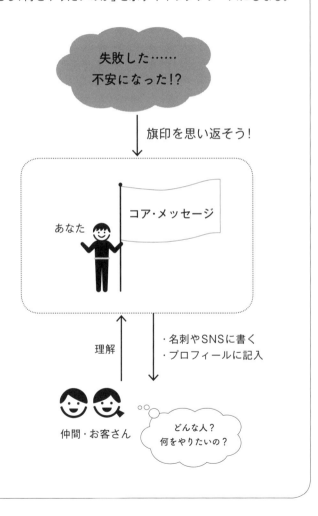

「ビビサク」で迷わず行動！

さて、テーマも決まり、コア・メッセージも用意できました。

ここからは、「ひとりビジネス」を成功させるために必要な行動習慣をお伝えします。


「ビビサク」という言葉を知っていますか？

私の勝手な造語ですから、辞書を引いても出てきません。

「ビビサク」とは、「ビビッと感じたら、サクッと行動する」という行動習慣を表す言葉です。たとえば、

「そうだ！　○○さんに連絡してみよう」

そう、ビビッと感じたときは、素直に直感に従い、サクッと行動してみる。

過去の体験をよく思い出してみてください。うまくいったときは、何も迷わなかった

ビビッと感じたらサクッとやる ＝ ビビサク習慣

あなたの直感を大切にして行動すれば、成功の確率が高まる。ビビッと感じるものがあるかどうかを、基準にしよう。

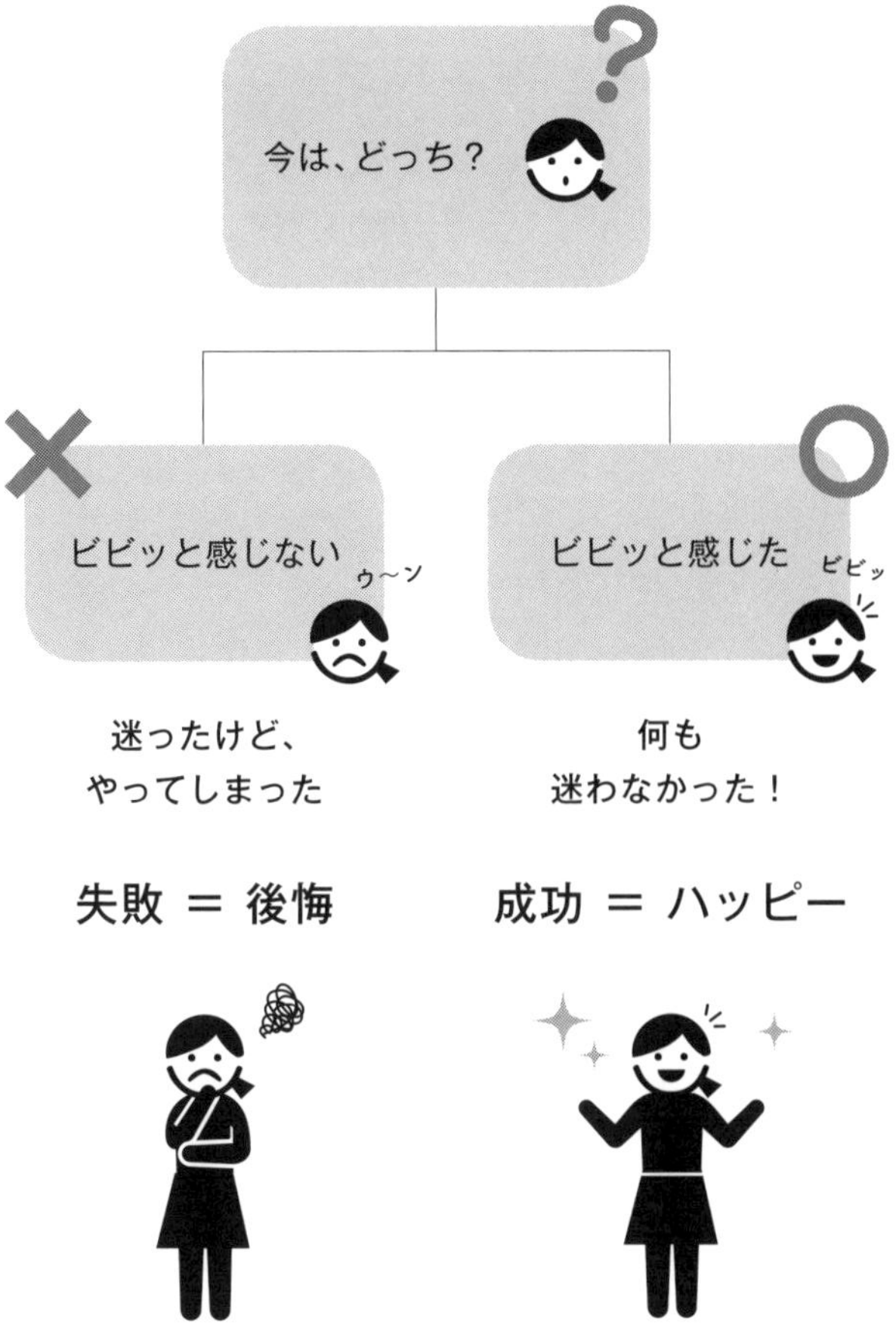

はず。うまくいくときは、迷わないものなのです。

逆に、あれこれ迷ったときは、どうだったでしょうか？

「絶対儲かるらしいから、お金を貸してみようかなあ」

と、ビビッと感じていないのに、迷いながらも選択したときの末路は、

「こんなはずじゃなかったのに！」

後悔の念が押し寄せてくることが多いでしょう。

だから、「迷ったらやめる」。これを、肝に銘じておきましょう。

「ビビッと感じて、サクッと行動。行動すれば、次の夢舞台」

このビビサク習慣こそ、「ひとりビジネス」の成長を加速させるアクセルです。

「ひとりビジネス」の経営者であるあなたが、自分自身の直感を信じられないようでは、いったい何を信じてビジネスの舵取りをしたらいいのでしょうか？

ビビッと感じた、あなたのその直感を信じる、という姿勢が大事なのです。

「ビビサク」＋「さわズー」で成功への扉を開こう

前項でご紹介した「ビビサク」と同じように、大切なのは「さわズー」です。

「さわズー」とは、「さわやかな、ズーズーしさ」という行動習慣を表した言葉です。

「ひとりビジネス」を最短で成功させるには、このさわやかなズーズーしさが必須なのです。別名「笑顔でゴリ押し」ともいいます。


たとえば、営業のカリスマが、お客さんに商品を販売するときに、最強にして最高の言葉があるのですが、あなたはご存知でしょうか？

正解は、ズバリ、「買って！」です。

「ぜひ、商品を買ってください！」

と、さわやかにズーズーしく言うことです。

「とってもイイから、ぜひ購入してみて！」

と自信を持って、ハッキリと伝える。正面から堂々とお願いする。基本はストレート。まわりくどく、あざとい変化球は必要ありません。

羞恥心やプライドがジャマをする人は、「買って！」のひと言を口にできません。「あさましい！」と思われたり、「必死だね！」と皮肉を言われたりするのが怖いからです。「お願いしてまで購入してもらうのは恥ずかしい」と考える人もいます。

でも、あなたの商品・サービスは、恥ずかしくなるようなものですか？　そうでなければ、胸を張ってお願いしてみましょう。

「ビビサク」習慣と合体させると、「ビビサク」＋「さわズー」＝「ビビさわズー」となります。

直感を信じてすばやく行動して、さわやかにズーズーしくお願いする。この2つの行動習慣を今日から楽しんで実践しましょう。

ビビサク ＋ さわズー ＝ ビビさわズー

「ビビサク」に「さわズー」をプラスすると、「ビビさわズー」になる！ 2つの習慣を実行すれば、無敵だ。

＋

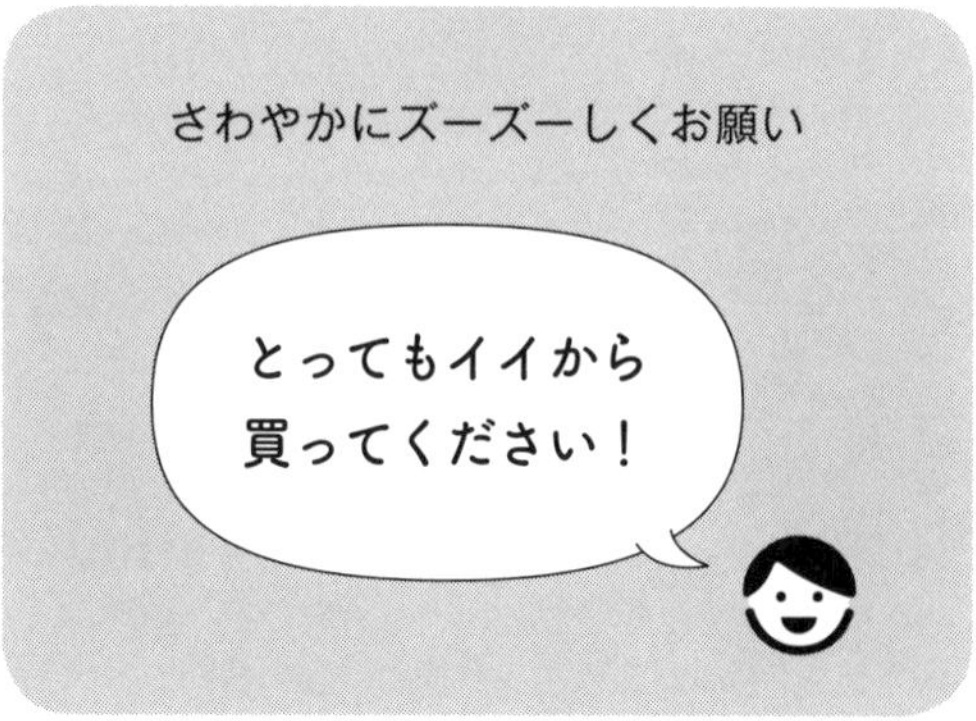

コア・メッセージを忘れなければ、ビジネスは成功する

プレシャス自分軸メソッド

◇関根里佳子さん（50代・女性）

ひとりビジネスDATA

アダルトチルドレンの傾向がある人が、自分軸を手に入れ、愛される女性になるための講座を運営。各種セラピーを活かした個人セッションも提供している。

年商：約700万円
職歴：約8年
https://shift-change01.net/

今から10年ほど前に心理セラピーに出会い、自分にアダルトチルドレンの傾向があることを知りました。ずっと悩んでいた自分の問題がすっきり解決したことをきっかけに、「これはすごい！　私と同じように悩んでいる人がいる！」と確信。それから、少しずつ、セラピーを勉強し、みなさんにそのノウハウを提供するようになったのです。

現在は、個人セッションで心のブレーキをはずし、講座で心の仕組みやコミュニケーション法を教えています。

25種類以上のセラピーや、心理学、脳科学、コーチング、占いなどを、コツコツ時間をかけて学んできました。ひとりひとりに合ったさまざまな方法を提案できるのが、自分の強みだと思っています。

努力してもうまくいかないのは、意思の力が足りないのではなく、潜在意識の「ブレーキ（制限的な思い込み）」が働いて、「本当の自分」を生きていないからです。

私のコア・メッセージは、本当の自分を生きることで、悩んでいる人を「なんとなくイイ気分で」いられるようにすることです。

周囲の大人が変わることで、世界中の子どもたちが笑顔で暮らせるようになる。それが、争いや戦争のない世界を創ることにつながると信じています。

心理カウンセラーは、苦しんでいる人を救い、自身も成長できるすばらしい仕事です。日本では、まだまだカウンセリングを受けることを恥と感じる人が多く、誤解されることもありましたが、あきらめないことが大事です。

「自分はなぜやっているのか」というコア・メッセージを忘れないようにすることが、自分のやりたいことを仕事にし、継続するコツだと思います。

第2章

【コンテンツ編】

オリジナルにこだわりすぎない！

最初から「オリジナル」にこだわるのは禁物！

ここからは、「ひとりビジネス」のフェーズ3「コンテンツ作り」を解説します。第1章で決めた、あなたのテーマやコア・メッセージを、頭の片隅に置いて読んでみてください。

そもそも、コンテンツとは、どんなものでしょうか。

「ひとりビジネス」におけるコンテンツとは、あなたが提供する商品（またはサービス）のこと。対価としてお金をいただくのですから、お客さんにとって有益なものである必要があります。

ここで、思い出してください。第1章でご紹介した「AからBへ変わる方程式」は、お客さんの状態が（あなたの商品によって）どのように変化するかを想像するための方程式でした。

お客さんが抱える問題や悩みを解決したり、よりよい状態に導いたりすることができる商品であれば、それがコンテンツになります。

つまり、お客さんが満足できれば、あなたしか提供できないコンテンツである必要はないのです。

「ひとりビジネス」を始めるとき、「何を売ればいいのかわからない」ととまどう人がいます。テーマが決まっても、「どんな商品か？」で悩む人がいます。

それは、「オリジナリティのある魅力的な商品でなければ売れない」と勝手に判断してしまうからです。

大切なのは、人の役に立てる商品であるかどうか。役に立つなら、他人の商品を仕入れて売ってもかまいません。

そう考えると、気持ちがラクになりませんか？

オリジナルにこだわらなければ、コンテンツは誰にでも作れるのです！「オリジナル商品はあとから追加すればＯＫ！」という気持ちでスタートしてみましょう。

オリジナル商品はあとから追加

「オリジナル」にこだわるからスタートがどんどん遅くなる。
人の役に立つなら他人の商品でもOKと考えよう。

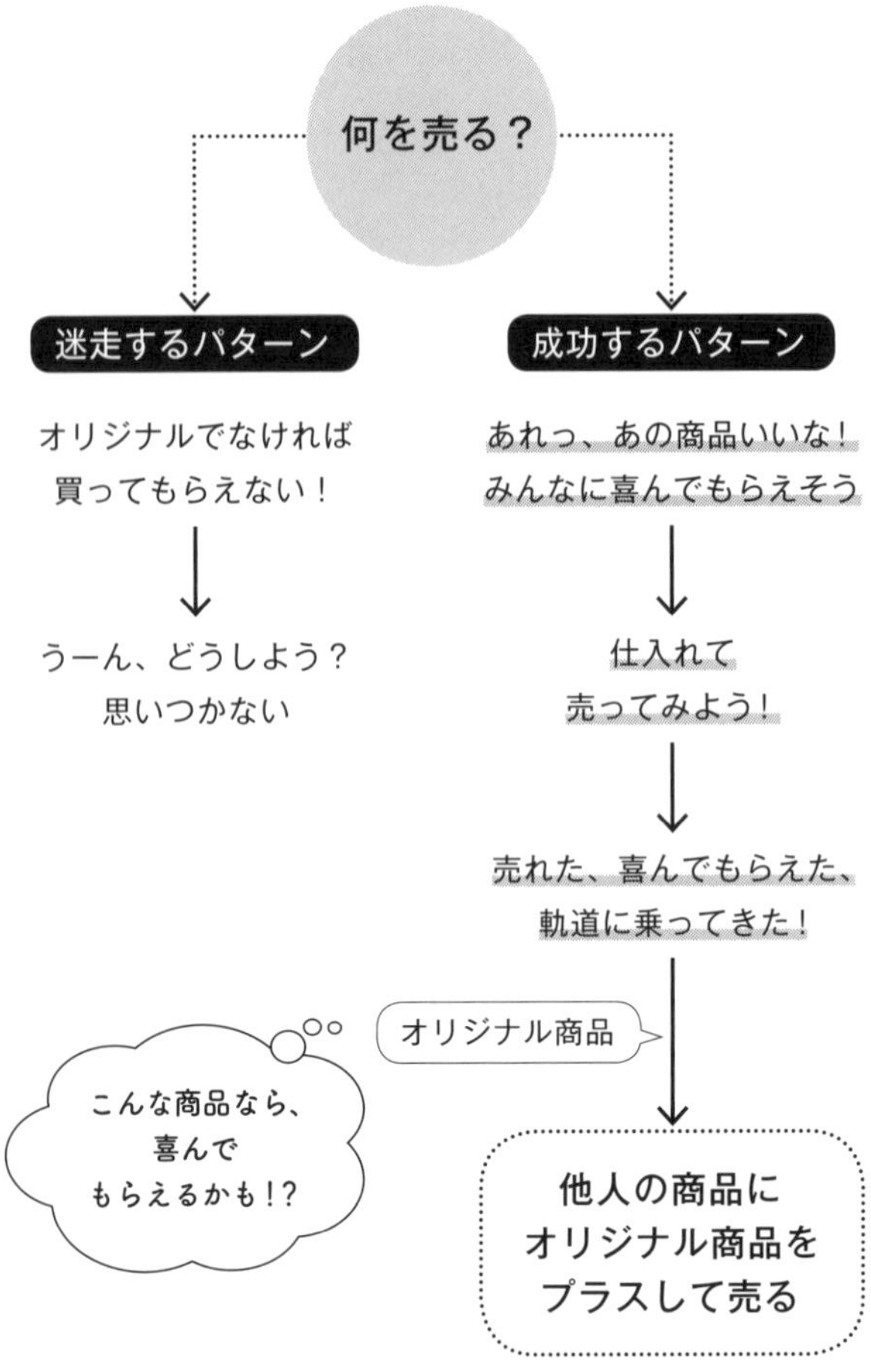

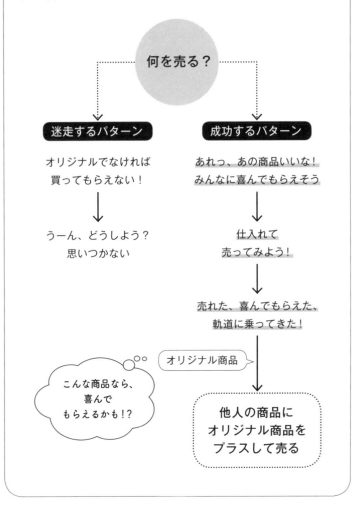

商品ラインアップをグ～ンと増やす黄金の方程式

オリジナルにこだわる必要はありませんが、商品は複数必要です。「この品物だけを売る」と決めてしまうのは危険です。

お客さんにとっては、１つしか商品がないお店より、たくさんの品揃えがある店のほうが楽しいので、売れる確率が高くなるからです。

これから、商品ラインアップを考えるために、４つのポイントを紹介します。**視点を変えながらチェックすることで、どんな商品を揃えたほうがいいか、だんだん見えるようになるはずです。**

まず、「制作者」の視点から分析すると、商品は次の３つのタイプに分けられます。

ポイント1【制作者】

①他人の商品……自分以外の人が作った商品
②自分の商品……自分が作ったオリジナル商品
③コラボ商品……誰かとコラボレーションして作った商品

次に、「形態」の視点から、2つに分けることができます。形のあるものと形のないいもの、つまり、モノとサービスです。

ポイント2【形態】

①モノ…………手に取ることができる、形のあるもの
②サービス……形のないもの。心理的・肉体的な満足や経済的な成長を与えるもの

一方、販売に関しては「販売場所」と「販売方法」の2つのポイントがあります。

ポイント3【販売場所】
①インターネットで売る……ホームページやフェイスブックなどで売る
②リアルで売る…………セミナー会場、勉強会、1対1の対面などで売る

ポイント4【販売方法】
①自分で売る…………文字通り、なんとか自分の力で売る
②他人に頼む…………他の人に紹介してもらう、売ってもらう

これらをうまく組み合わせると、商品のバリエーションが一気に増えます。

次ページの図を見てください。4つのポイントを組み合わせると、24通りのパターンがあることがわかります。

こうして考えると、漠然と自分だけで、

「なんとか商品を作らなくちゃ！」

とあせっていたときよりも、グ～ンと視野が広がったように感じませんか？

4つのポイントで商品を増やす

商品作りは、24通りの組み合わせで考える。ポイントを1つずらすだけで、新たなコンテンツが生まれるのだ。

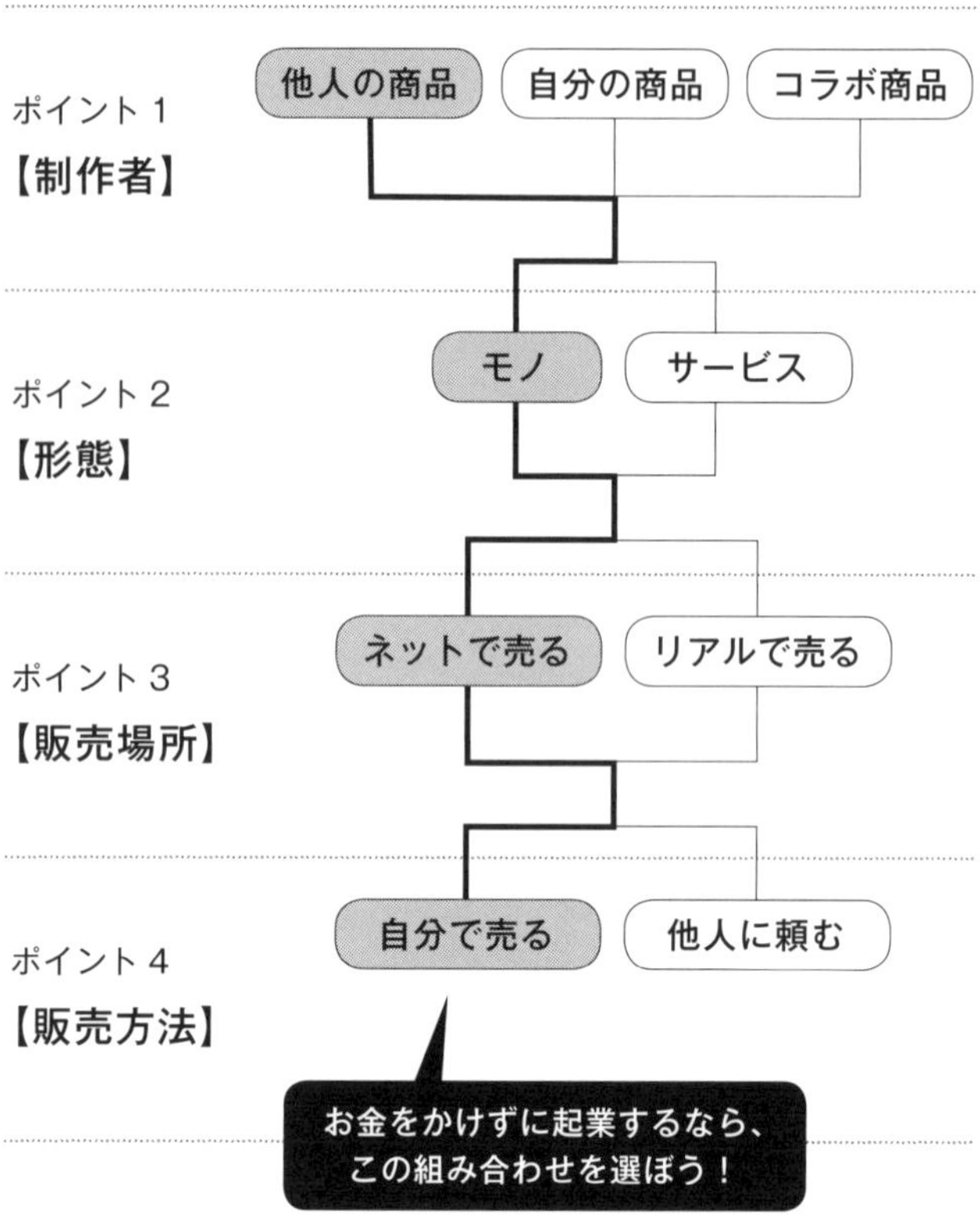

「他人の商品」を売る発想でスタートダッシュ！

どうですか？　商品ラインアップの全体像をイメージできましたか？

では、ここから、商品作りについて、もっと具体的に考えていきましょう。

ポイント1**【制作者】**で分類すると、商品は「他人の商品」「自分の商品」「コラボ商品」に分かれました。

手先が器用な人なら、小物を作ったり、洋服を作ったりすることができます。自分の経験・知識を音声や動画にまとめることができれば、それも自分の商品になります。

このように自分の商品をすぐに用意できる人もいますが、ほとんどの人は「すぐには作れない」と答えるのではないでしょうか。

オリジナル商品にこだわる必要はありません。「商品には独創性が必要」という思い込みからいったん離れてみましょう。

自分で作ることができなければ、他人の商品を売ってもいいのです。自分でゼロから商品を作るよりも、はるかにラクに、しかもすぐにスタートできるはずです。

たとえば、もし、あなたが料理上手なら、これまで試してきた食材やキッチンツールの中からオススメできるものを販売する。もし、あなたが文房具に詳しいなら、オススメの文房具に詳しい使い方をそえて販売することも可能です。

ひとつ具体例をあげましょう。

読書が大好きなAさんは、自分が読んだ本の要点をまとめ、感想をつけ足して提供することを思いつきました。「誰かの役に立つはず」と思う本を選び、週に1回、有料メルマガを配信しています。月額500円で、1000人以上の購読者がいるので、月額50万円の売り上げです。

「時間がなくて本が読めない。エッセンスを知りたい」というビジネスパーソンがたくさんいるため、このメルマガは成功しました。

Aさんは独創的な手法を編み出したわけではありません。同じような手法で稼いでい

自分なりのアイデアをプラスしよう

「すべてオリジナル」という発想は必要ない。自分なりのアイデアを加えれば新商品になる。

自分の商品

緊急事態！ お泊りセット

化粧セット
＋
・ヘアバンド
・替えの下着
・ハンドタオル

←

○○さんの商品

旅行用 化粧セット5

・クレンジングオイル
・洗顔料
・化粧水
・美容液
・乳液

る人はたくさんいます。

つまり、100%オリジナリティがある**商品かどうかよりも、「みなさんのお役に立てる商品かどうか」のほうがよほど重要なのです。**

「他人のいいものを紹介する」という発想を持てば、商品はいくらでも作れます。

何から何まで自分ひとりのオリジナル商品を作り出そうとしないこと。

「一部分は他の商品の力を借りて、自分なりの解釈、感想、経験を追加して発想する」と考えれば、ハードルが下がります。

商品の作り方を考えたら、あとは売るだけ。すぐに実行できるのが「ひとりビジネス」の醍醐味です。

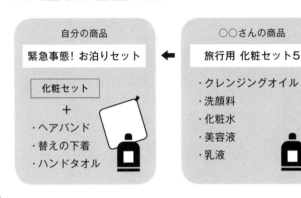

もう1つ、「コラボ商品」を売るという手もあります。

「ひとりビジネス」を実践している人同士が協力して、コラボ商品を作るのです。

あなたが文章を書くのが得意で、周りに人の話を聞くのが上手な人がいると仮定しましょう。

この2人がタッグを組めば、書き手と聞き手を分担して、「あなたの半生・自分史を文章にまとめます」という魅力的な商品を作ることができます。

企画書作りが得意な人と、イラストが上手な人がコラボすれば、「あなたの企画をイラストつきの見栄えのいい企画書に仕立てます」という商品を作ることもできます。

コラボ商品は、何人で作ってもかまいません。

不思議なもので、誰かとコラボしたほうが、ひとりで黙々と作るよりもアイデアが湧き、モチベーションも上がります。

おまけに、複数の人で進めるプロジェクトには「早く商品化したい」というエネルギーが作用するため、格段に早く形になります。

ちなみに、コラボ商品は同じ価格で販売するのが基本的なルール。協力した人が、そ

ワークシェアでコラボ商品を作る方法

「得意なこと」を基準に作業を分担すれば、コラボ商品はすぐにできる。

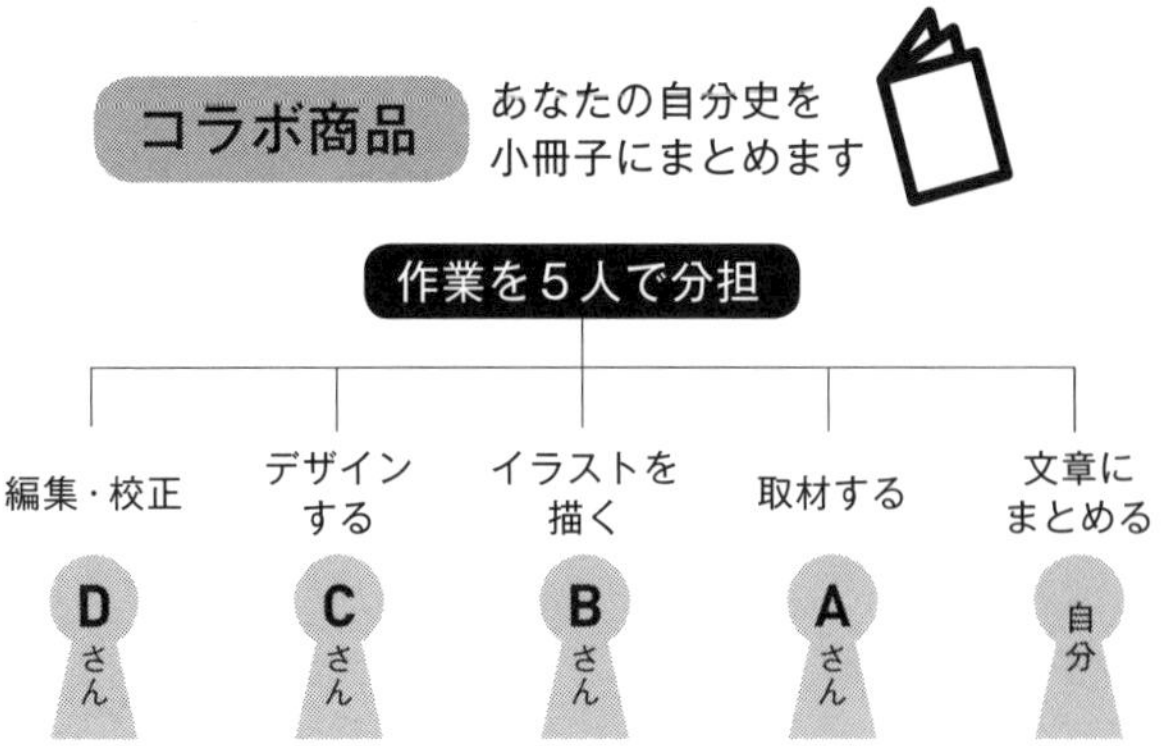

れぞれの場所で自由に販売できるようにしておきます。

「他人の商品」をベースにして商品を作ってもOK。自分の得意なことを活かすために他の人と協力して「コラボ商品」を作ってもOK。そう考えると「商品が作れない人なんていない」と思えてきませんか？

ふだんの意識を少しだけ変えてみましょう。**「これは商品化できないか？」という意識を働かせることを習慣にすれば、たいていのものに、商品として販売するための方法が見つかるようになります。**

この前向きの意識を、忘れないようにしましょう。

商品ラインアップは「アナログ・デジタル×サービス」で

次は、ポイント2【形態】です。

商品の「形態」には、「モノ」と「サービス」があります。

まず、「モノ」について考えてみましょう。「モノ」はアナログ商品とデジタル商品に分けて考えることができます。具体的には、以下のような商品です。

【アナログ商品とデジタル商品】

① アナログ商品 ……宅配便で届けることができるモノ。たとえば、アクセサリーや筆文字作品、小物、アロマオイルなど

② デジタル商品 ……情報商材。インターネット上でやり取りできるデータ（PDFファイル、音声データや動画データなど）

ときどき「情報なんて売れるの？」と聞かれるときがあります。

もちろんです。情報はりっぱな商品になります。

たとえば、コミュニケーションが得意な人が、そのノウハウをまとめ、文字・音声・動画データにするだけで、デジタル商品になります。

また、デジタル商品をアナログ商品に、アナログ商品をデジタル商品に変換することもできます。

たとえば、デジタル商品（ＰＤＦファイル）を紙に印刷すれば、小冊子というアナログ商品になります。逆に、小冊子というアナログ商品をデータ化すれば、デジタル商品になります。

アナログ商品とデジタル商品は、互いに転換できることを頭に入れておけば、商品のラインアップを増やすときに役立ちます。

一方、「サービス」には、実にさまざまなモデルがあります。

ここでは、代表的なモデルを４つあげておきます。

【代表的なサービスモデル】

①ホビー………特技を売る。ネイルアート、マッサージ、写真撮影など
②相談…………コンサルティング、カウンセリング、コーチングなど
③イベント……イベントの主催。セミナーや講演会の開催など
④紹介…………人やモノ、サービスの紹介。「アフィリエイト」も含まれる

この4つ以外にも、サービスは無限にあります。

どんなサービスモデルを見つけるかは、本人のアイデア次第です。


私の学習塾時代の教え子は、「犬の散歩ビジネス」で、月に200万円近い売り上げを達成しています。

犬好きの彼は、「大型犬を散歩させるのは大変で、なかなか代行してくれる人がいない」ことに目をつけ、「飼い主の留守中に大型犬の散歩を代行する」という「ひとりビジネス」のサービスを思いついたのです。

セントバーナードやゴールデンレトリバーなどの大型犬を飼えるのは、経済的に余裕

大ヒットにつながるサービスとは？

大繁盛するサービスのキーワードは「優良顧客」と「関連商品」。この2つの条件をクリアすれば、大ヒットする。

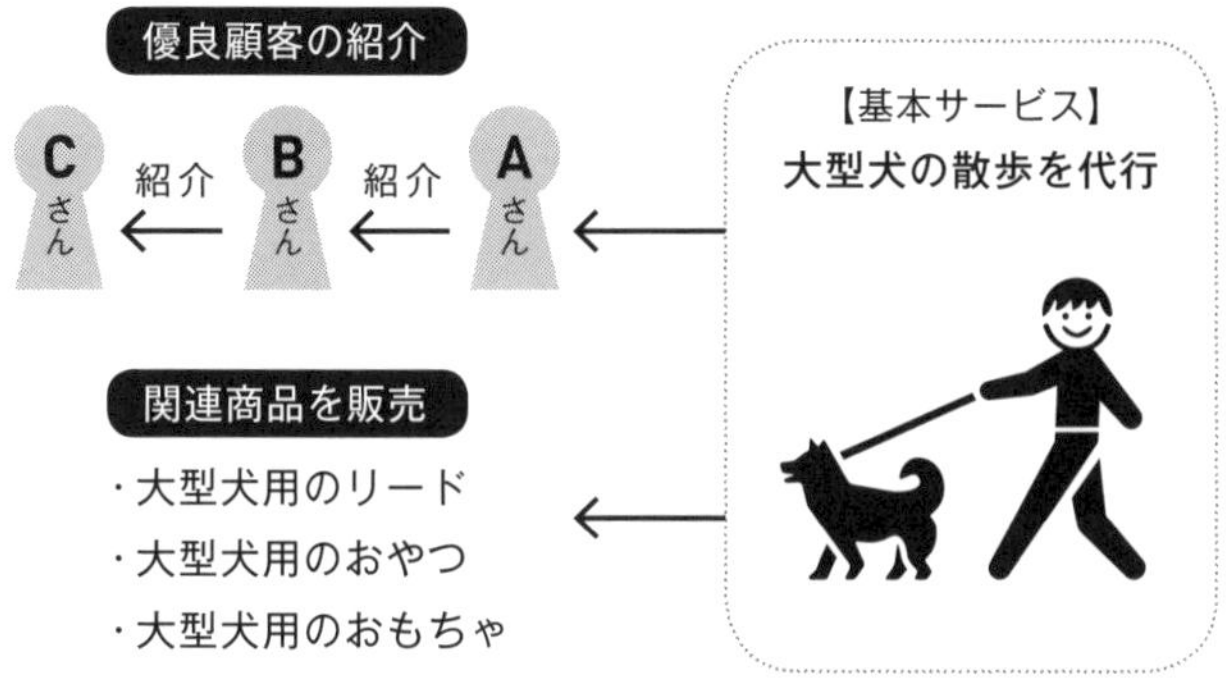

がある家庭。つまりは、優良顧客。PRしなくても、次々に裕福な「犬友」を紹介してくれたため、大繁盛となりました。

さらに、犬のおやつやグッズなど、厳選したペット関連商品も販売して、売り上げを大きく伸ばしたそうです。

ここで、①から④のサービスをヒントに、あなたなら、どんな商品を生み出せるかを考えてみましょう。

「アナログ商品」「デジタル商品」「サービス」を組み合わせ、バランスよく配置して、複数の商品を用意するのが理想的です。やがて、次第にそれぞれが結びつき、ビジネスが軌道に乗ります。

インターネットとリアルのダブルで売ろう！

さて、商品を作りっぱなしでは、いつまでたっても「ひとりビジネス」が始まりません。ここからは、ポイント3【販売場所】と、ポイント4【販売方法】について考えてみましょう。

自分の商品を「どこで」「どうやって」売るかを決めるのは、商品作りと同じくらい重要です。

商品の販売場所には、「インターネット」と「リアル」があります。

まずは、「インターネット」で売る方法。これは簡単ですね。ホームページで販売する、ランディングページ（LP）で販売するなどが主流です。

ブログを作るような感覚で、誰でも簡単にネットショップを開設できるサービスもい

インターネットでも、リアルでも売る！

インターネットとリアルの２つの場所で売ることで、相乗効果が生まれる。

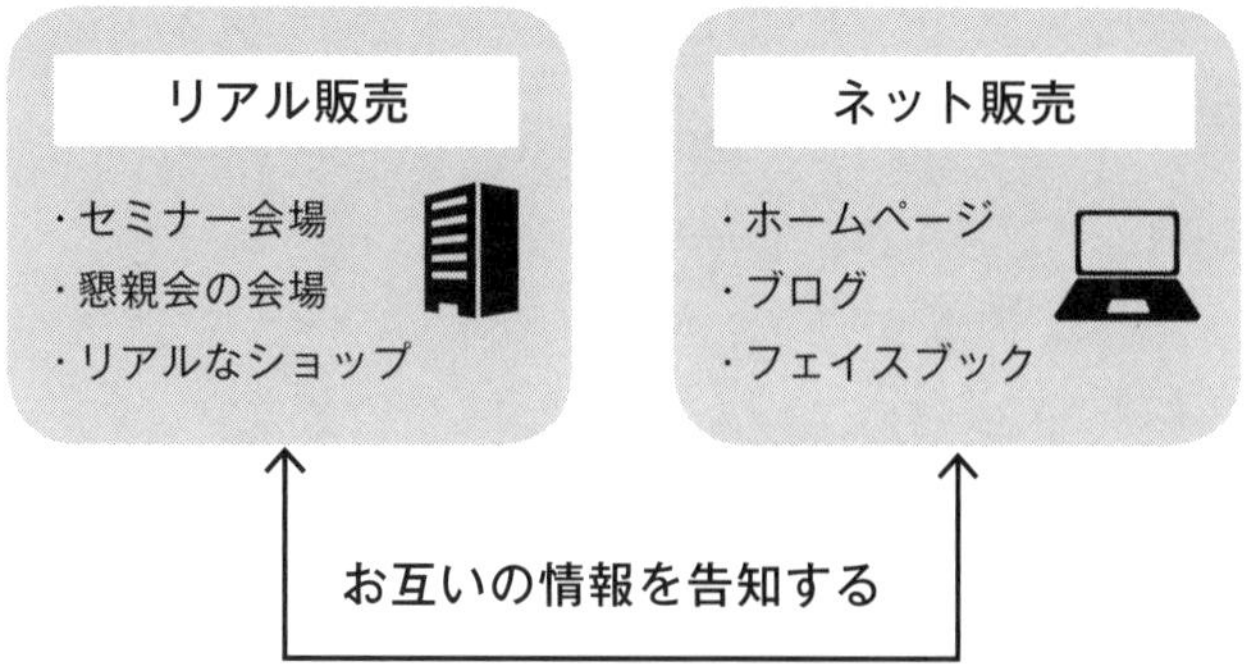

くつかあるので、それらを活用するのもいいでしょう。

「リアル」とは、おうちサロン、セミナー会場、懇親会、勉強会などの場所のこと。1対1の対面で売る方法もあります。

あなたの商品に適した場所を見つけ、「さわズー」の行動習慣を実行しましょう。さわやかにズーズーしくお願いすれば、悪い印象を残すことはありません。

ここで重要なのは、どちらか一方にかたよらないようにすること。**「インターネット」と「リアル」のチャネルを両立させたほうが、売り上げが安定します。**

一方、商品の販売方法には、「自分で売る」と「他人に頼む」があります。「自分で売る」

というのは、文字通り、あなた自身がかかわる販売方法です。自分で売るのは当たり前と思えるでしょう。

でも、「自分だけで売る」と考えるのは危険です。

「ひとりビジネス」では、「他人に売ってもらう」ほうが、より重要になります。

大企業が組織的に動くわけではないので、販路には限界があります。だからこそ、「ひとりビジネス」をやっている人や、影響力のある人に「自分の商品を販売してもらえないか」とお願いしてみるのです。

人って不思議なもので、意外とお願いに弱いのです。

大半の人は遠慮して、「厚かましいヤツと思われるかも」とか「断られたらどうしよう」とか、余計な心配をします。結局は何もしないことが多いので、実は、人からお願いされることって意外に少ないのです。

実際、人に何かを頼まれると頼りにされているようで、うれしかったりしますよね。

ですから、ダメでもともと。「さわズー」で、気軽にお願いしてみましょう。

あなたのお願いを快く受け入れてくれる人が見つかるはずです。

商品をリストアップして、「増やす」「深掘り」で充実させる

ここまで、商品ラインアップを考えるために、4つのポイントに沿って説明しました。もう一度、整理してみましょう。

78ページの図を見ながら、あなたが思いつく「提供できるもの」をすべて書き出してみるのです。

アナログ商品も、デジタル商品も、「販売できる可能性のあるもの」をすべて書き出して、リストにします。

次に、そのリストを見ながら、その商品を充実させる方法を考えてみましょう。商品を充実させる方法は次のように、3つあります。

【商品を充実させる3つの方法】

① 商品を組み合わせる

② 商品を分割する

③ 商品を深掘りする

商品を充実させる1つ目の視点は、「商品の種類を増やす」です。

お客さんの立場で考えると、品揃えが豊富な店のほうが楽しいからです。

自分のリストを見ながら、「組み合わせることができるものはないか」を考えてください。**2つ以上の商品を組み合わせるだけで、新しい商品を生み出すことができます。**

たとえば、リストの中に、次のような商品があると仮定します。

商品A：自然の環境音（川のせせらぎや野鳥のさえずり）の音声データ

商品B：癒やし効果のあるおすすめのアロマオイル

コンビネーション商品と全部セットの作り方

コンビネーションや全部セットのほうが、単品で買うよりもお得になるように、価格を設定する。

商品Aと商品Bを別々に販売することもできますが、この2つを組み合わせれば、新しい「コンビネーション商品」が誕生します。

「この環境音を聴くときは、このアロマオイルの香りをお部屋に漂わせてください」とアピールすれば、「ヒーリングパック」として売り出せます。

さらに簡単なのが「全部セット」。すべての商品をまるごとパックにしたものがあってもいいのです。たとえば、アロマオイル商品が3種類あれば、すべてをセットにして、「完全プレミアムパック」「ゴールデンセット」などの商品名をつけます。

このように、組み合わせるだけで、商品

1つの商品を分割するなら割高に

1つの商品を分割して販売するときは、単品のほうが割高になるように、価格を設定する。

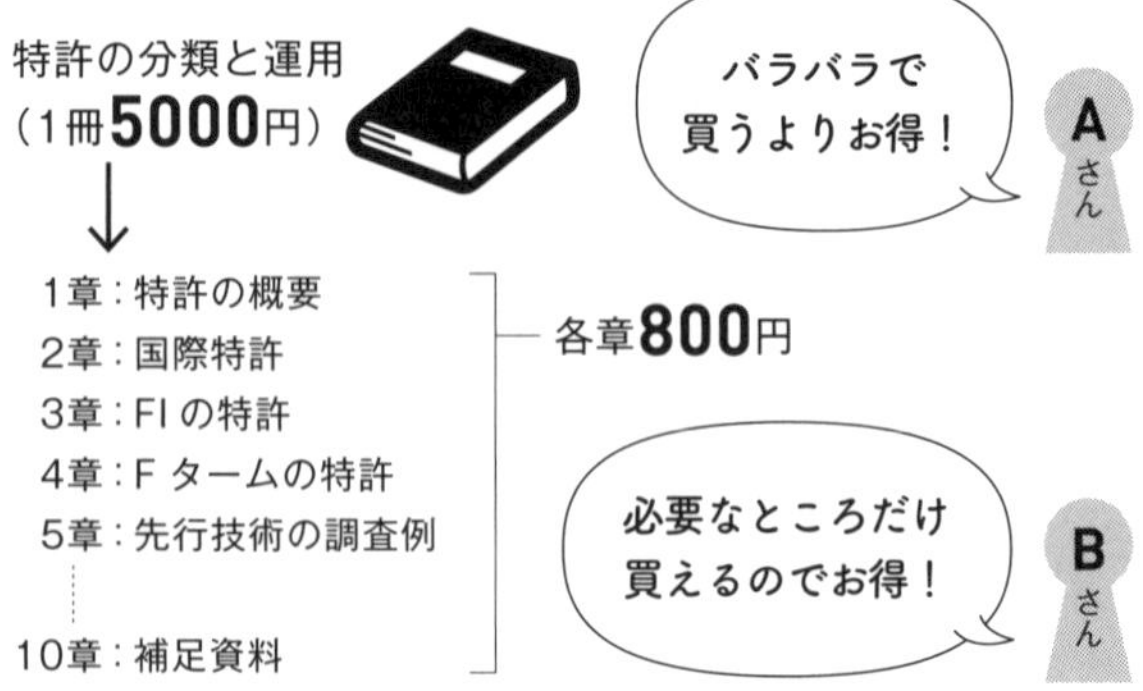

ラインアップをどんどん増やせます。

一方、商品を分割することで、種類を増やすこともできます。

たとえば、あなたが専門知識を活かして分厚い解説書を作り、「1冊5000円」の商品を作ったとします。ところが、5000円では、なかなか売れません。

そんなときは、バラ売りして「1章800円」と設定。購入のハードルは下がります。10章あれば、10種類の新商品がラインアップに加わります。そのうえで、「バラバラに買うと10章で8000円になりますが、まとめて1冊なら5000円。なんと3000円もおトクです」

とひと言そえれば、「1冊５０００円」の商品の販売促進につながり、一石二鳥です。

商品を充実させるもう1つの視点は、「商品を深掘りする」です。

新しい商品をゼロから作るのは、大変なエネルギーがいります。**すでにある商品に手を加えるほうが、グ～ンとラクなのです。**

一度作った商品を見直さない人がたくさんいます。これは本当にもったいないこと。

たとえば、ある小冊子を５００円で販売していると仮定しましょう。そのまま販売していると、次第に売れなくなります。やがて、商品としての寿命が切れてしまいます。

その前に、深掘りすれば、どうなるでしょう？

小冊子に図版を入れたり、イラストを挿入したり、あるいは参考になる動画のリンクを書き足したり、オススメの関連書籍を紹介したり……内容を充実させる方法はいくらでもあります。リニューアルするだけで、今までより、たくさん売れるかもしれません。

価格そのものを上げてもいいでしょう。

商品を充実させたい人はぜひ、この「深掘り」を試してください。

値づけのコツは、「松竹梅」

商品のラインアップが決まったら、次は、価格を設定します。

価格を決めるときは、「松竹梅の法則」を意識します。「松竹梅」と3つの価格帯を設定することが大切。もっとも高額なフルセットの価格、中間のほどほどの価格、リーズナブルな価格……というように、お客さんに選択の余地を与えるのです。

たとえば、ビジネスマナーの教材なら、次のように設定します。

【松竹梅の法則を利用した価格設定】

松：マナー小冊子＋話し方の音声データ＋解説動画……4500円

竹：マナー小冊子＋話し方の音声データ……1500円

梅：マナー小冊子……500円

商品が3段階に分かれているとき、お客さんは「安い商品より、高い商品のほうが効果があるはず」と考えます。次に、「いちばん高い『松』で失敗すると後悔する」と思い、「いちばん安い『梅』は効果がないかな？」と判断します。

結果的に、中間の価格帯である「竹」の商品を選ぶ可能性が高くなるのです。

この心理を、行動経済学では「極端の回避性」と呼びます。

もちろん、世の中には「いちばん高い価格を求める人」や、「リーズナブルな価格を求める人」もいるので、「松」「梅」もそれなりに売れます。でも、「松竹梅」の形にすれば、「竹」がもっとも売れる商品になるはずです。

「松竹梅」の商品のことを、マーケティング用語では、それぞれ、「バックエンド商品」「ミドルエンド商品」「フロントエンド商品」と呼びます。

【松竹梅のマーケティング用語】

①バックエンド商品（松）……高額。利幅が大きいので、経営の安定につながる
②ミドルエンド商品（竹）………中間価格。バックエンド商品へつなげる橋わたし
③フロントエンド商品（梅）……低価格。お客さんを集める入り口となる

「松竹梅」なら幅広いニーズに応えられる

1つのカテゴリーにつき、松竹梅の3つの価格を設定したほうが、選択の自由が提供できる。

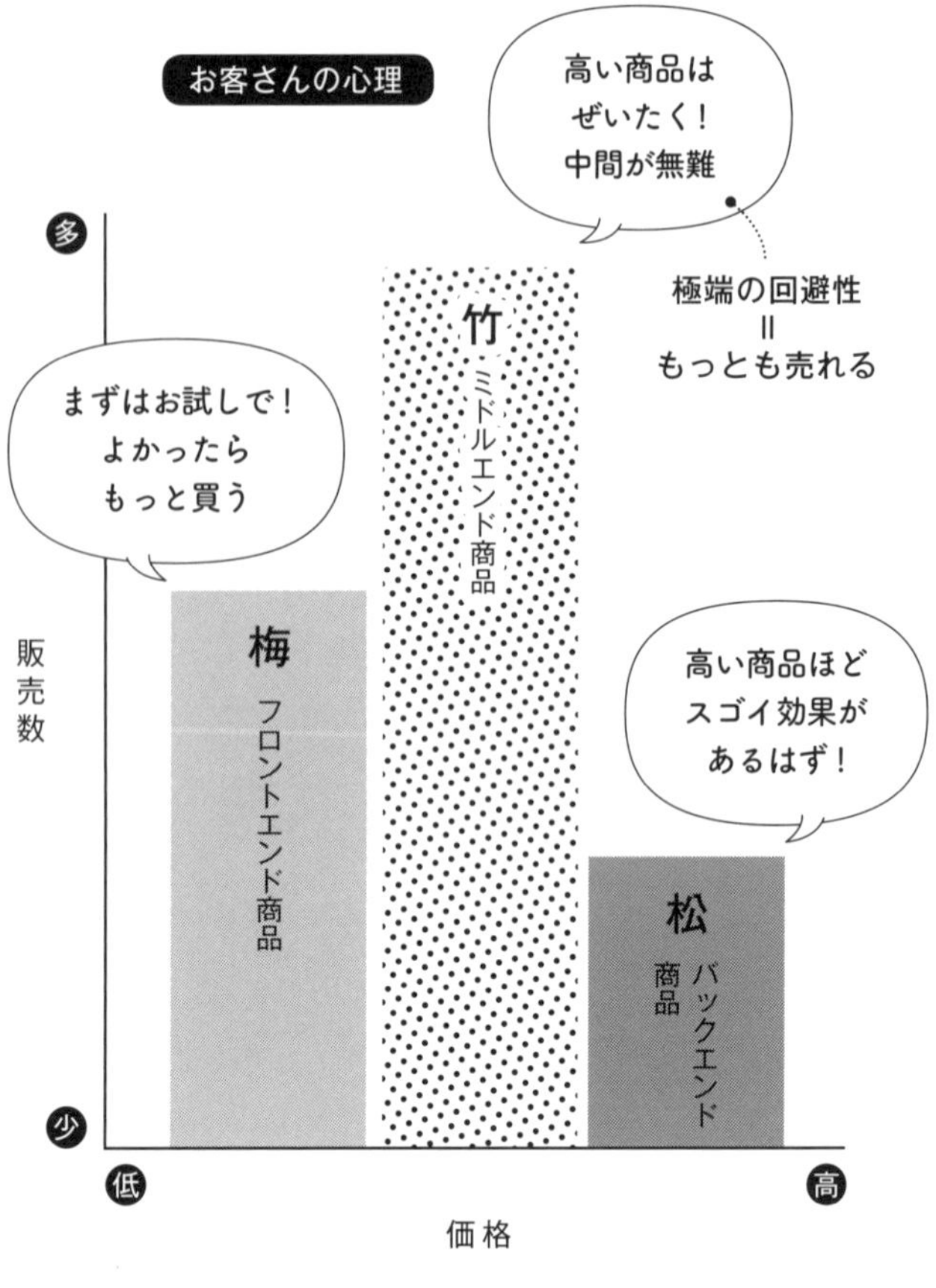

連続するコンテンツは区切って販売

セミナー、コーチングなど、連続したコンテンツを提供する場合は、区切りのいいところを作って販売する。

梅 ＝ お試しコース → 第1回：入門編

竹 ＝ 6回パック → 第1回：入門編〜第6回：応用編1

松 ＝ フルパック → 第1回〜第12回 ＋ 特典映像 ＋ 特別授業 ＝ VIPコース

第1回：入門編
第2回：基礎編1
第3回：基礎編2
第4回：基礎編3
第5回：基礎編4
第6回：応用編1
⋮
第12回：応用編7
＋ 特典映像
＋ 特別授業

値づけは、とても大切です。**「1つの商品の価格が1つしかない」という1対1対応にはしないこと。**お客さんに、選択の自由や楽しさを提供しましょう。

また、セミナーやコーチングなど、何回か連続するコンテンツを提供するときは、「1回だけのお試しコース」を作り、フロントエンド商品にするという考え方もあります。「3回パック」や「6回パック」などを設定すれば、それがミドルエンド商品になります。

「全12回のフルパック」に特典映像や特別授業をプラスして「VIPコース」を作るという方法もあります。

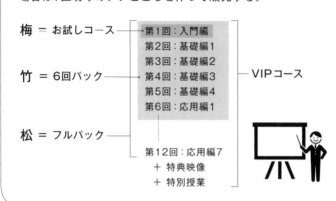

「高額商品」を作る理由

あなたの「商品の価格」は、あなたの「セルフイメージ」に影響を受けています。

「商品の最高金額がセルフイメージを表している」と言い換えることもできます。

たとえば、「自分が購入するなら、10万円がマックスだ」と思っている人は、「自分の商品も自分自身も、それくらいの価値だ」と考えています。

一方、1000万円を提示する人は、「自分の商品も自分自身も、それくらいの価値がある」と信じています。

「(せいぜい)10万円がマックスだ」と感じる人は、知らず知らずのうちに、心のブロックを作っています。そこで提案です。

誰も申し込まなくてもいいと考え、「高額商品」を1つ設定しましょう。

それが、あなたのお金に対する心のブロックを解放してくれます。

「100万円で、大切な人に贈るジュエリーをハンドメイドします」

「300万円で、英会話のゴールデンパックを提供します」

「500万円で、プレミアムな個人コンサルをします」


「ちょっといくらなんでも高すぎないか？」と少し怖くなるような値段を設定するのです。すると、不思議に「ひとりビジネス」のあらゆる面がうまく回り始めます。


私の教え子で、とても低価格で便利屋さんをやっている男性がいました。

「伝ちゃん先生、そもそも僕のような便利屋に、そんなにお金を出さないですよ」

と言う彼は、高額のバックエンド商品を設定することができませんでした。

そこで、私が「1000万円だ！」と、強引にバックエンド商品の価格を決めたのです。そのコースは、「365日24時間、どんなご相談にも乗ります」という内容。

「はいはい、申し込みがあったらいいですね」

と、彼は笑って受け流していたのですが、それがなんと！　ひとりの資産家のおばあさんから打診があったのです。

「孫が学校に行かずに、家でずっとゲームばっかりしていて、このままでは、アタシは死んでも死にきれない。かわいい孫が学校に行くようになるなら、いくらでも払う」

とおばあさんは申し出てくれました。便利屋の彼は、

「僕も学校に行ってなかった時期があったから、きっと話が合うと思いますよ」

と快く引き受けて、何度も何度もその家に通って、少年といっしょにゲームで遊んでいたら……、しばらくして、少年が学校に行くようになりました。

おばあさんは、とても喜んで、ボーナスを払おうとしました。しかし、彼は、

「いやいや、とんでもない。今だってもらいすぎですよ」

と丁寧に断りました。そうしたら、おばあさんは、

「あんたは、本当にいい子だね」

と感激して、代わりにお友だちをふたり、お客さんとして紹介してくれたのです。お金持ちの友だちはお金持ち。これで、合計3000万円の売り上げです。

これは、かなり極端な例ですが、真実です。**だまされたと思って、高額商品を1つ作ってみましょう。あなたのお金に対する心のブロックをはずすことができます。**

もし、成功すれば、大きな自信につながります。

セルフイメージの殻を打ち破れ

高額にできないのは、「どうせ、このくらいの価値」と思い込んでいるから。高額商品で心のブロックを取り払おう。

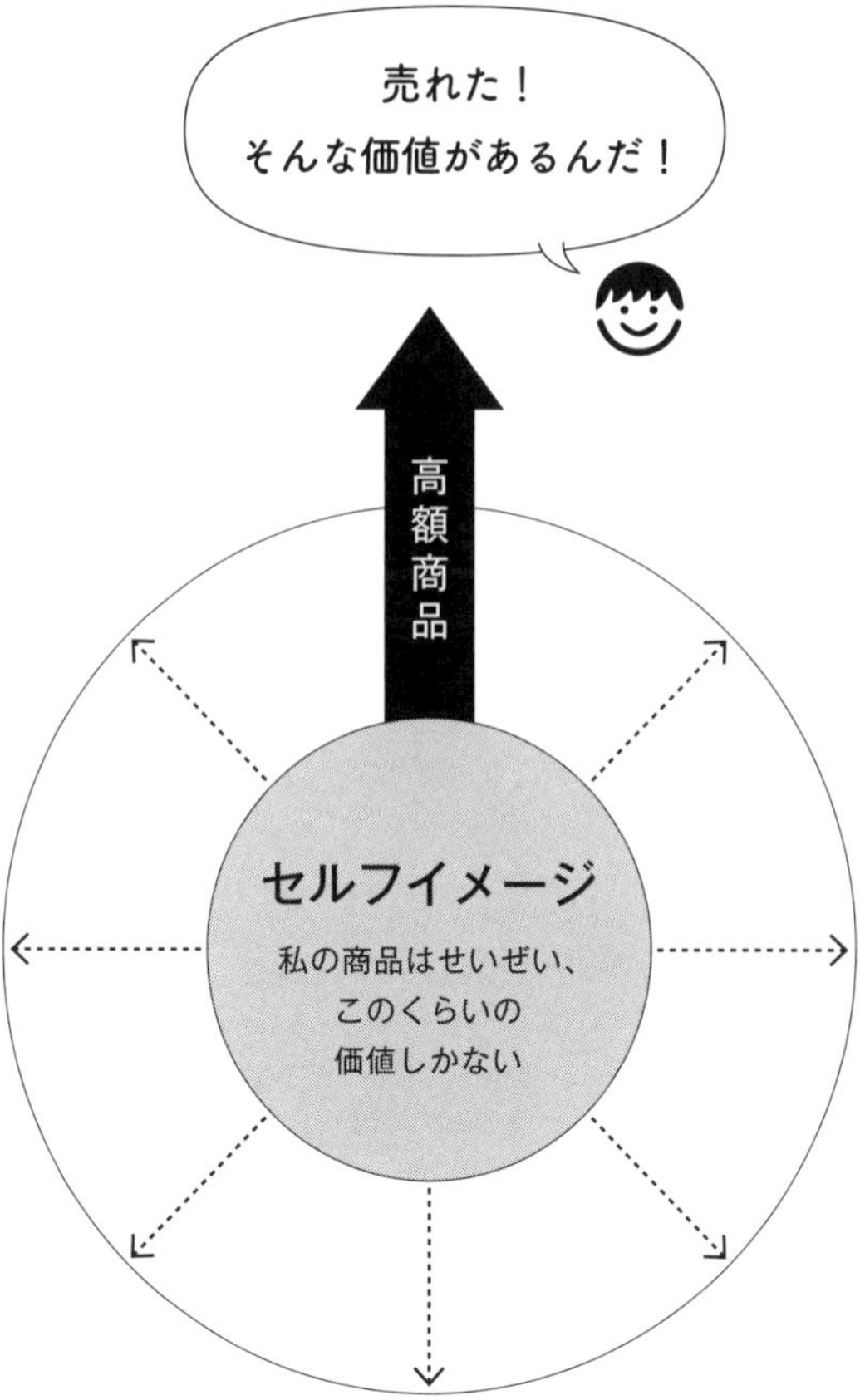

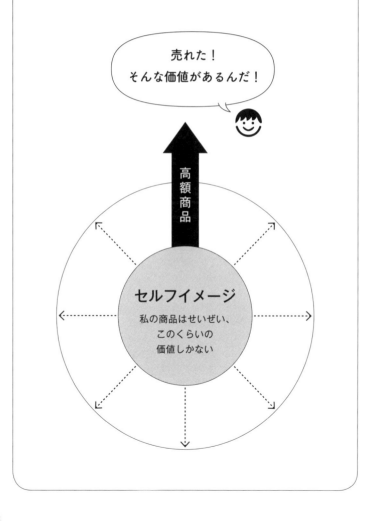

「逆ピラミッド」でビジネスの設計図を作ろう

ここで、あなたの商品ラインアップを「逆ピラミッド」にまとめてみましょう。マーケティング用語では、この図を「ファネル」または「ファンネル」といいます。あなたのすべての商品を、リストにして書き出すのです。

まず、白い大きな紙を用意します。そこに逆三角形を描き、横線を入れて3つに区切り、**上から、順番に「フロントエンド商品」「ミドルエンド商品」「バックエンド商品」と書き込んでください。**

そして、3つのゾーンに、該当する商品の名前を書き込んでみましょう。

フロントエンド商品のゾーンには、あなたのラインアップでいちばん低価格な商品。ミドルエンド商品のゾーンには、中程度の価格帯の商品。バックエンド商品のゾーンには、高額商品を記入。図の下に行くほど、商品の価格が上がるようにします。

「松竹梅」の逆ピラミッドが設計図になる

商品ラインアップを紙に書き出して整理してみよう。リストにすれば、売るべきものを見える化できる。

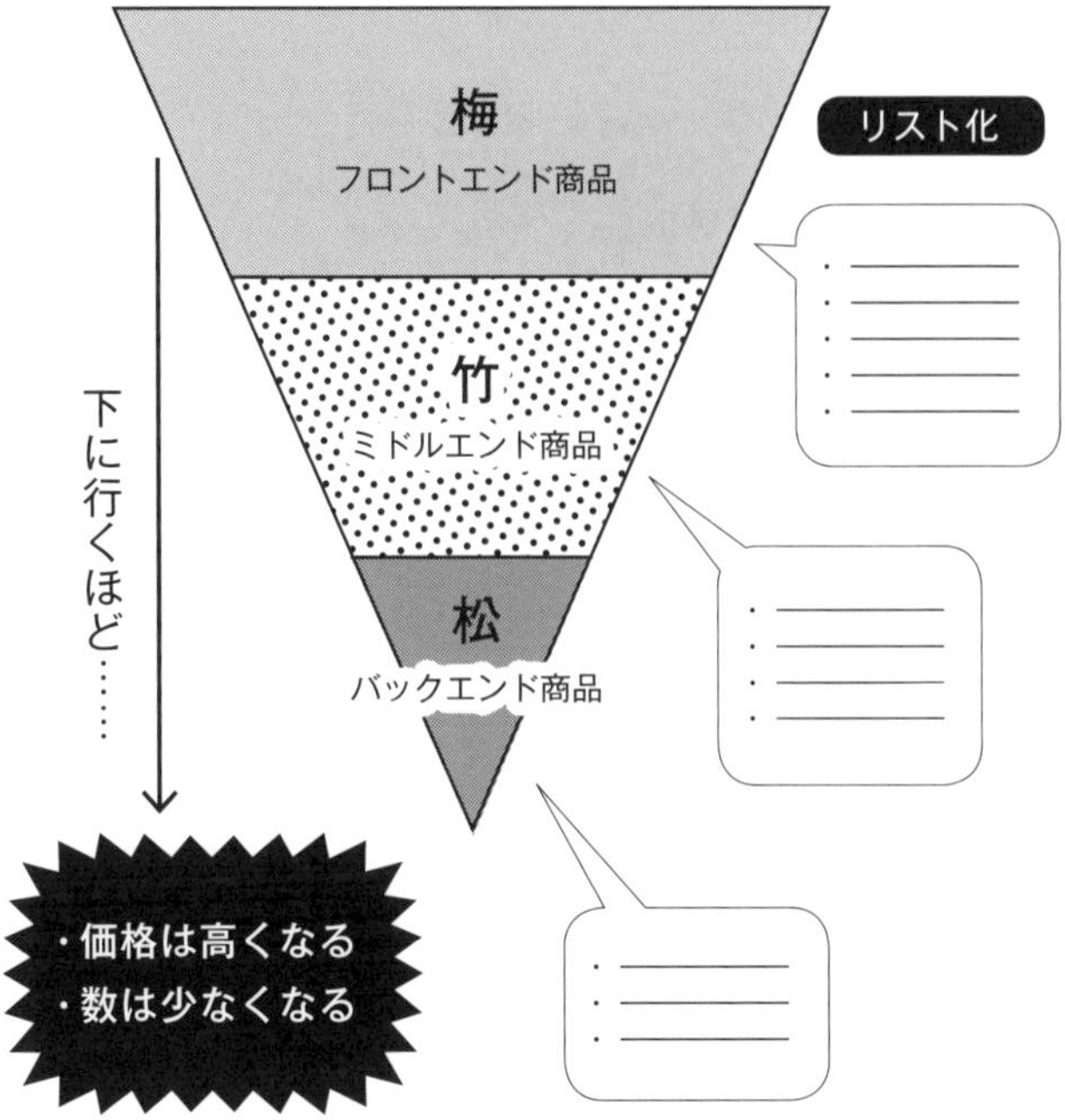

まずはザックリでかまいません。このように、商品のラインアップを書き出してみると、あなたの「ひとりビジネス」の全容が見えてきます。

逆ピラミッドは、あなたの「ひとりビジネス」の設計図です。

うまくいかない人は、この設計図がないまま、「ひとりビジネス」をしているのです。

もちろん、この図は、未来永劫、変えてはいけないわけではありません。フレキシブルに変化させていいのです。

最初は、1つの商品を3つの価格帯に分けて、それを少しずつ増やしていきましょう。

「フロントとミドルの間の価格差が大きいから、間に入る新商品を開発しよう」

「このゾーンと、このゾーンの価格を変えよう」

「全部をまとめたフルパッケージを作っておこう」

など、この図を見ている間に、さまざまなアイデアが思い浮かんでくるはずです。

とにもかくにも、すべて書き出してみること。そもそもこの設計図がなければ、「ひとりビジネス」の戦略を立てようがありません。

「無料の商品」に集まるのは「クレクレ星人」だけ

商品の戦略について、こんな質問を受けることがあります。

「伝ちゃん先生！　最初に無料でサービスを提供して、あとで有料にするという戦略について、どう思いますか？」

スマホアプリなどに代表されるように、フリーミアム戦略（基本サービスは無料で提供し、付加機能を有料にして販売する戦略）が一般的になってきたからでしょうか？

結論からいうと、「ひとりビジネス」の場合、ほぼうまくいきません。

はじめに無料にしてしまうと、なかなか有料にしにくいからです。「商品の価格を下げないとお客さんが集まらない」という負のループにはまっていきます。

無料につられて集まる人たちは有料サービスを注文しません。高額商品も買いません。

これは断言します！

無料セミナーをしたり、無料講演をしたりすると、その参加者たちは、いわゆる「クレクレ星人」に変身する確率が大です。

「ついでにあれも教えてクレ」

「もっとわかりやすいレジュメをクレ」

「あなたの携帯番号を教えてクレ」

なんでもかんでもクレクレ。「サービスは無料で当たり前」が前提の方たちとおつき合いすると、心の葛藤に苦しむことになります。

お試し価格で多少割引をするのなら悪くありませんが、「ひとりビジネス」において、無料（0円）はNG。はじめから、ある程度の金額をつけることをオススメします。

無料で大量のユーザーを囲い込むフリーミアム戦略は、資金が潤沢な大企業の発想。

「ひとりビジネス」には、「少額でも赤字にしない」「少しでも黒字を生む」という考え方が重要です。

そういう数字と向き合う勇気が、あなたを次のステージに運んでくれるのです。

フリーミアム戦略は破たんする

初期投資をしても、集まるのはなんでもほしがるクレクレ星人。資本力のない「ひとりビジネス」では、効果がほとんど見込めない。余裕があるなら広告費に回したほうがいい。

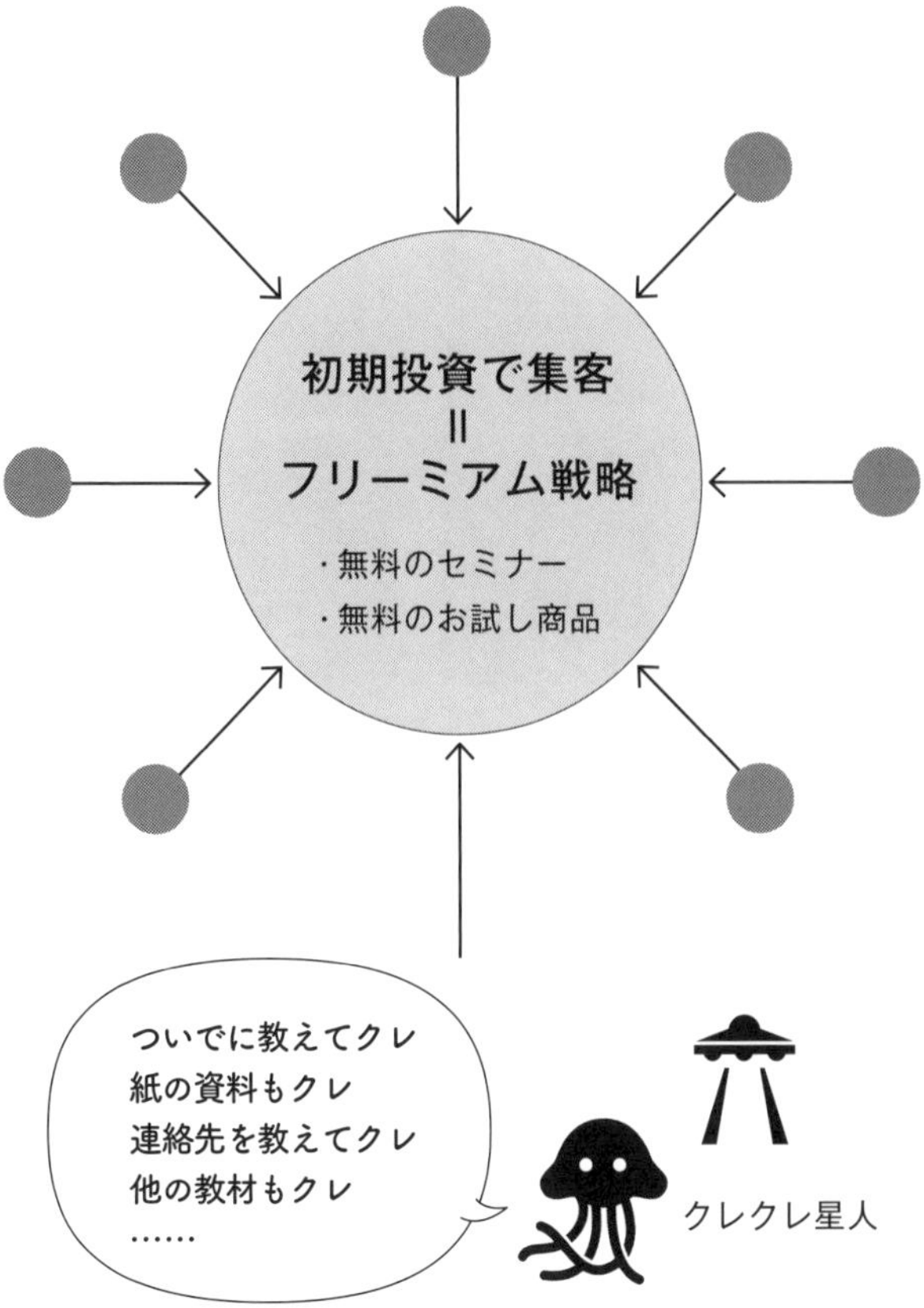

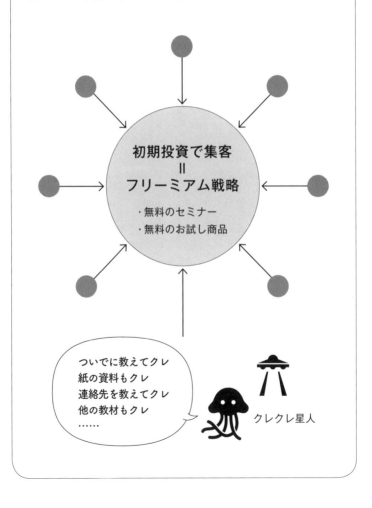

一度作った商品は定期的にアップデートせよ

商品のラインアップも決まり、逆ピラミッド（設計図）もできました。でも、安心してはいけません。常に改善し、アップデートしていくことが大事です。

商品のアップデートを考えるときは、その商品が持つ3つの価値についてチェックしてみましょう。「機能価値、付加価値、心理価値を十分に備えているか」と考え、足りない部分を補うのです。

【商品の3つの価値】

① 機能価値……商品やサービスの持つ基本的な機能
② 付加価値……基本的な機能とは直接関係ないが、差別化できる部分
③ 心理価値……商品で得られる感情的なこと。優越感や安心感、満足感など

ボールペンで言えば、「機能価値」は、きちんと書けるということ。「付加価値」は、プレミア感のあるボディの素材。「心理価値」は、ブランドの知名度など、満足感につながる要素です。

一方、マッサージをサービスとして提供する人の「機能価値」は、マッサージの効果になります。でも、それだけでは、ライバルがたくさんいます。そこで、差別化するために、「付加価値」をつける必要があります。

施術の場所を自分の店舗にするのではなく、

「ご自宅、ホテル、会社など、どこでも希望の場所にまいります」

とアピールすれば、それが「付加価値」になります。さらに、

「ハワイの伝統的なロミロミという手法とプレミアムなオイルを用いて、ラグジュアリーな気分を味わえます」

とすれば、お客さんは大きな満足感を得られるでしょう。これが、「ひとりビジネス」においても、もっとも重要な「心理価値」です。

お客さんに長く支持されている商品やサービスは、「3つの価値」をすべて備えているのです。

02 事例ファイル

商品ラインアップを充実させて、コミュニティを作る

マシュマロスタジオ

◇ひらまつたかおさん（50代・男性）

ひとりビジネスDATA

制作業務（CG制作、ウェブ制作、デザイン制作、ムービー制作）を幅広く行う。その他、各種スクール、オンラインサロンなどを運営している。

年商：数千万円
職歴：約17年
https://marshmallowstudio.jp/

経営していた会社をつぶしてしまい、何もない状態からスタートしました。その名のとおり、本当に「ひとりビジネス」でした。

現在のマシュマロスタジオの活動は多岐にわたります。ＣＧ制作、ウェブ制作、デザイン制作、ムービー制作などの制作業務の費用は3万円から1億円まで。各種スクールやオンラインサロンも運営しており、お客さんも、個人から大企業までと、とても幅広いです。

商品・サービスの種類を増やしてよかったのは、はじめてのお客さんにも何かし

ら提案できるという点。**おつき合いが始まったあとに、追加で他の商品・サービスを提供できるのも、商品ラインアップが充実しているからこそ、と感じています。**

「販売↓購入」の一方通行ではなく、互いに情報を共有できる関係を築くことも重要です。オンラインサロンを作ったのも、そのため。生徒さん同士が助け合ったり、情報交換したりできる環境を提供するようにしています。

その交流の中から、新たなコラボ商品が生まれることもあるのです。

「ひとりビジネス」のコツは、ひとりでやらないこと。何もかも、ひとりでやろうとしていたため、体を壊して、1か月入院した経験があります。

自分ひとりでできることには限界があります。ひとりでスタートしましたが、次第に、家族や友だち、アライアンスパートナー、お客さん……たくさんの人の力を借りなければ継続できないことに気づきました。

私の妻も「ひとりビジネス」を運営しています（「愛され交渉術」https://joseinokosho.jp/）。仕事は別々ですが、互いに助け合えるので、非常に頼もしい存在。いちばん身近に、いちばん頼れる人がいるなんて、恵まれているのかもしれませんね。

第3章

【インターネット編】

「自分メディア」で情報発信せよ！

基本3点セットからスタート！あなたの「自分メディア」を作ろう

「ひとりビジネス」には、自分の商品・サービスを発信する場所が必要です。次の章で解説する「集客・販売（フェーズ４）」を円滑に進めるためにも、インターネット上に「自分メディア」を作っておく必要があります。

インターネット上で何かを販売する場合はもちろん、そうでない人も、パーソナル・ブランディングの一環として利用できます。

いくつかの「自分メディア」を使って、

「ここまでの情報を、無料で教えて、ほんとにいいの？」

というくらい価値ある情報を、続けて発信することが大切なのです。

インターネット上の「自分メディア」は、次の３つのカテゴリーに分けられます。

【自分メディアのカテゴリー】

①基本3点セット……ホームページ＋ブログ＋メルマガ
②SNS…………フェイスブック（Facebook）、ツイッター（Twitter）、インスタグラム（Instagram）、ライン公式アカウント（旧ライン@）など
③動画…………ユーチューブ（YouTube）など

特に①は今、「ひとりビジネス」をするうえで基礎となる土台。②③も伸びているので無視できません。今の時代、動画は必須アイテムと考えたほうがいいでしょう。

まず、基本3点セットは、「ひとりビジネス」の発信基地になるメディアです。自分のホームページがあれば、いつでも好きなときに、ビジネスの内容を確認してもらえますし、商品・サービスを購入するお客さんも安心できます。

一方、定期的に、役に立つ情報を発信するためにブログも必要です。あなたのブログのファンになってくれる人は、将来、あなたのお客さんになってくれるからです。

ストック型とフロー型を組み合わせて 3ステップで作る

ホームページやブログは情報をためるストック型のメディア。SNSは情報が流れていくフロー型のメディア。自分メディアにはどちらも必要だ。

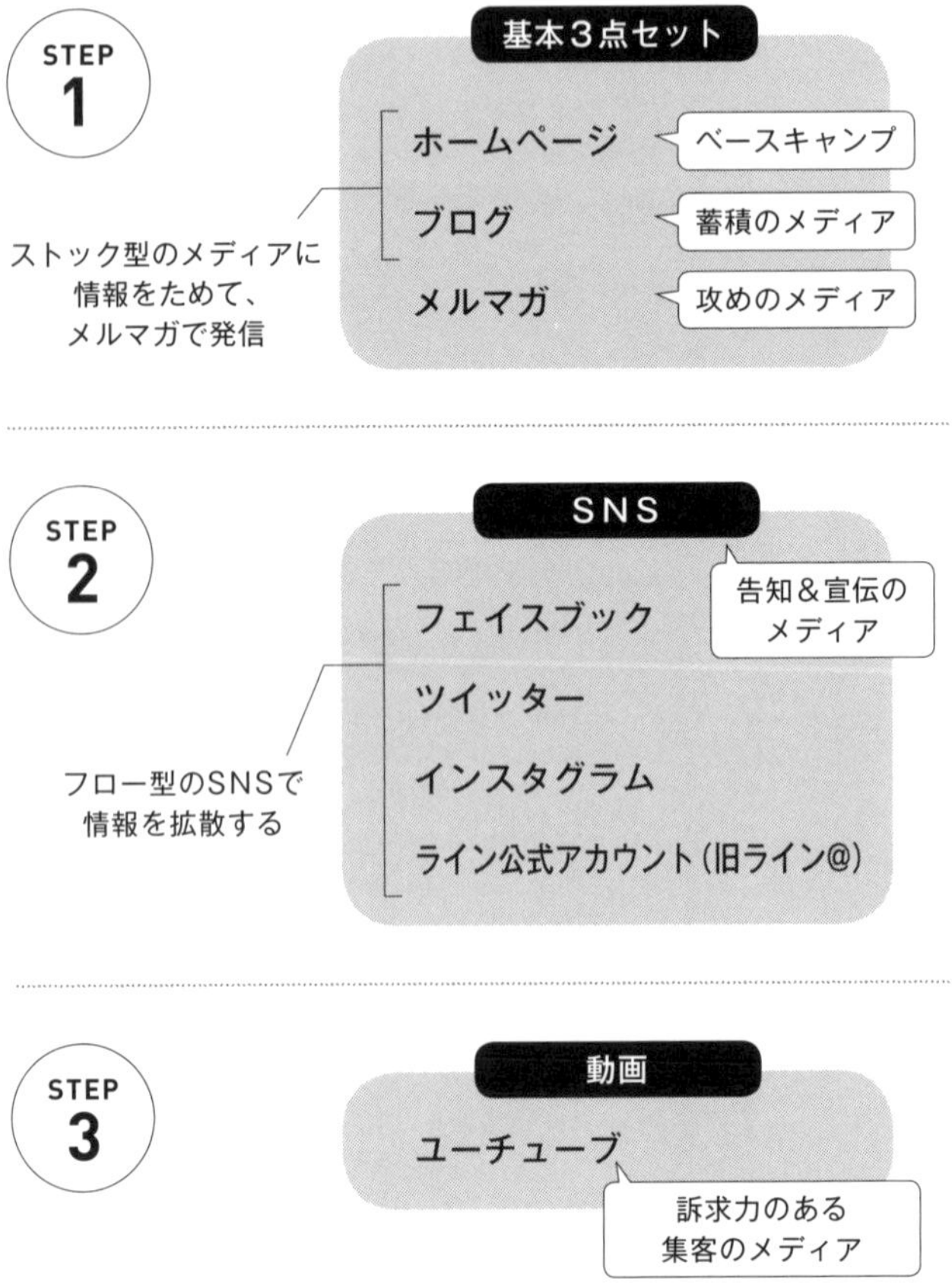

そして、メルマガは、告知のための攻めのメディアです。

セミナーやイベントを開催するとき、新商品をリリースするとき、キャンペーンをお知らせするときも、メルマガが活躍してくれます。


はじめて「ひとりビジネス」をスタートさせるなら、まず、この基本3点セットを形にすることをめざしましょう。


２つ目のＳＮＳは、お客さんを誘導するためのメディアです。あなたの商品・サービスに興味を持ってもらえるように、投稿の内容を工夫します。ＳＮＳには、さまざまな種類があるので、「すべてを使わなければ」と考える必要はありません。

あなたの商品・サービスにぴったりのＳＮＳを優先させてください。


３つ目の動画も「ひとりビジネス」には欠かせません。

のちほど紹介しますが、動画は集客・宣伝でとても大きな力を発揮します。

また、セミナー動画などの情報商材では、「公開を限定する動画＝商品」となることも多いのです。

インターネットには、多くのメディアがあふれているので、

「やることがたくさんあって、自分にもできるかな？」

と不安になる気持ちもわかります。

でも、心配は無用。何もかも、同時に作る必要はありません。

「ひとりビジネス」を成功させている人は、上手にメディアを使い分けています。

まずは、基本3点セット。次にSNS、そのあと動画というように、コツコツとあなたのペースで少しずつ「自分メディア」を作り上げていきましょう。

いきなり完璧なホームページを作れる人なんていません。まずは「ランディングページ（ユーザーにはじめて訪問してほしいページ）」1つからでいいのです。

ホームページこそが、自分のベースキャンプ

「ひとりビジネス」を始めるなら、まずは、自分のホームページを持つことから始めましょう。

ホームページは、自分のお店であり、会社そのもの。ビジネスの発信基地です。このベースキャンプに、あらゆる情報・商品を集めることができます。

ホームページのない〝ホームレス状態〟では、いつまでたっても、地に足のついた「ひとりビジネス」ができません。

ホームページを持つことは、家を建てることと同じです。

ホームページに必要なサーバーやドメインを、家作りにたとえると、次のようになります。

・サーバーを借りる ＝ 家を建てるための土地を借りる

・ドメインを取る ＝ 自分の住所を決める

サーバーには、無料でレンタルできるものがあります。無料サーバーを利用すれば、お金がかかりませんが、あなたのホームページのどこかに、無条件で広告が表示されてしまう可能性があります。有料版に比べて接続が不安定になる傾向もあります。

また、インターネットのサービスプロバイダー（フレッツ、ぷらら、ソネット、ニューロ光など）が提供するサーバースペースを利用するという方法もあります。

一方、有料のレンタルサーバーを借りて、ドメインを取得するという方法もあります。一定の費用がかかりますが、他の方法と違い、独自ドメインが取得できることが魅力です。

独自ドメインは、借りものではなく、あなた専用のサイトであることの証明。あなたのホームページの信頼度も自然に高まります。

「ひとりビジネス」を始めるなら、独自ドメインの取得を強くオススメします。

決済代行サービスを利用して、ホームページ＝ネットショップに

さて、ここで1つ質問です。

あなたのパソコンやインターネットに関する知識とスキルは、どれくらいですか？

ホームページを作る方法はさまざまです。

アドビ社のドリームウィーバーなどの市販ソフトで作る方法もありますが、初心者向きではありません。専門業者に頼んで作ってもらうこともできますが、一般的に費用が高く、資金に余裕がなければオススメできません。

でも、あきらめる必要はありません。もし、あなたが初心者なら、ＣＭＳ（Contents Management System）ツールを利用するのがベスト。最近では、初心者でもすぐに使えるホームページ作成ツールがたくさん用意されています。

代表的なサービスは「ジンドゥー」と「ウィックス」です。初心者には「ジンドゥー」、自分で少しカスタマイズしたい人には、「ウィックス」が向いています。

また、世界一のシェアを誇る「ワードプレス」は拡張性が高く、自由にカスタマイズできるツール。プラグイン（機能を拡張するためのプログラム）も豊富です。さらに、無料で簡単にネットショップを開設できる「ベイス」という選択肢もあります。

「ひとりビジネス」では、単に情報の置き場としてホームページを利用するのではなく、同時に、**販売する場としての役割（ネットショップの機能）を持たせることが、必須条件となります。**

ネットショップの決済方法には、クレジットカード決済、代金引換、コンビニ決済など、さまざまな種類が存在します。決済代行会社が（ＧＭＯやロボットペイメント、ユニヴァペイキャストなど）行っているサービスなら、これらの決済をまとめて代行してくれます。

決済代行会社を選ぶときは、各社のメリット・デメリットを比較して、あなたの商品・サービスにぴったりの会社を選びましょう。

代表的なホームページ作成サービス４選

ジンドゥー (Jimdo)	**はじめての人でも簡単に作れる** デザインテンプレートを選び、文字や写真を変更するだけで作れる初心者向けサービス。質問に答えるだけで、自分好みのホームページを自動で仕上げてくれる便利な機能も選べる。 ▶ https://www.jimdo.com/jp/
ウィックス (Wix)	**直感的な操作でデザインできる** 好みのスタイルを選び、少しずつ修正しながら、かっこいいホームページを作成できる。プログラミングの知識は不要。2万点以上の無料写真が使えるクリエイティブなツール。 ▶ https://ja.wix.com/
ワードプレス (Word Press)	**自由度は高いが中級者向け** テキスト、写真、フォームなどを自由に組み合わせ、納得がいくデザインに仕上げることができる。自由自在にカスタマイズするなら、プログラミングに関する専門知識が必要。 ▶ https://ja.wordpress.com/
ベイス (BASE)	**ネットショップをすばやく作るなら** テーマを選んで感覚的に操作するだけで、初心者でもすばやく美しいデザインのネットショップが作れる。無料で使える機能も充実していて便利だが、カスタマイズは難しい。 ▶ https://thebase.in/

アクセス解析ツールで、弱み・強みを把握せよ！

自分のホームページを持ったら、「グーグル・アナリティクス」を入れましょう。

グーグル・アナリティクスは、誰でも無料で使える高機能なサイト分析ツール。導入したその日から、あなたのホームページ利用者の訪問状況、流入経路、行動パターンなどの貴重なデータを把握できるようになります。


「どんなページが見られているのか？」

「どのくらいの時間、滞在しているのか？」

「どのエリアに住む人が訪問してくれたか？」

などなど、あなたが参考にしたいデータを無料で提供してくれるようになります。

ホームページは「作ったら終わり」ではありません。

どのくらいの人が見てくれたのか、どのページに人気があるか、などのデータを確認しながら、作り変えます。

グーグル・アナリティクスが集めてくれた解析情報を見ながら、おいしい野菜を育てるような気持ちで、少しずつ、お客さんが見やすいページに変えていくのです。

そのために、アクセス解析の基本用語「セッション数」「ユーザー数」「ＰＶ数」がどんな数を表すかだけは、覚えておきましょう（次ページを参照）。

また、グーグル・アナリティクスでアクセス解析をするためには、ホームページのソースに「トラッキングコード」を貼りつける必要があります。これは、難しい操作ではありません。ＨＴＭＬやＣＳＳなどの言語を知らなくても設置できます。トラッキングコードが正しく設置されれば、数時間以内に、あなたのホームページに関するアクセス解析が始まります。

ホームページは、あなたの「ひとりビジネス」の大事なベースキャンプ。アクセス解析ツールを積極的に導入して、改善に役立ててください。

アクセス数をもっと増やしたい！

ウェブサイトを分析する際に、必要なのが「アクセス解析」。3つの用語の意味を押さえておこう。

セッション数

ユーザーがウェブサイトを「訪問した回数」

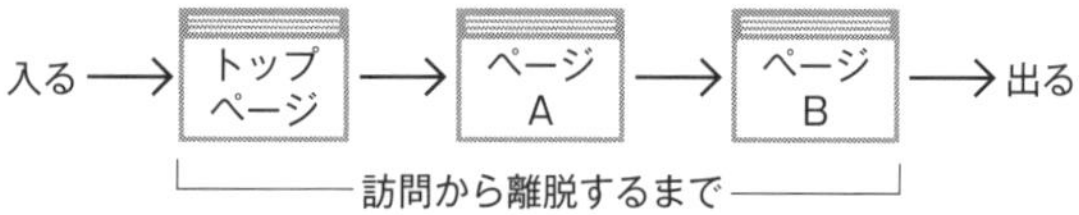

セッション数 ＝1

同じ人が昼と夜に訪問すれば、セッション数は「2」になる

ユーザー数

ウェブサイトを訪れた「訪問人数」

ユーザー数 ＝ 2

同じ人が期間内に複数回訪問しても、ユーザー数は「1」とカウントされる。

ページビュー（PV）数

ウェブサイト内で「ページが表示された回数」

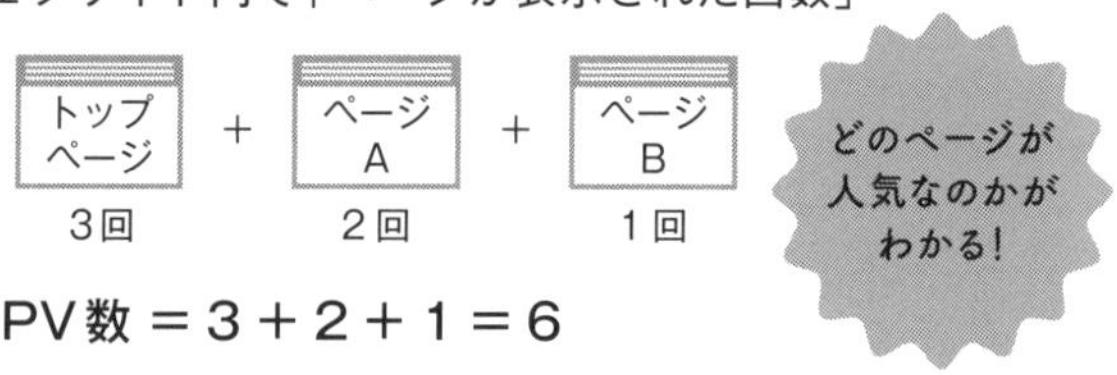

PV数 ＝3＋2＋1＝6

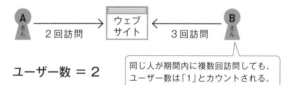

無料・有料、どっちにする？ かしこいブログサービスの選び方は？

基本3点セットの2つ目のメディアは、ブログです。

ブログを作るときに利用できるサービスはたくさんありますが、気軽に始められるという点でオススメは「アメーバブログ（アメブロ）」です。

アメブロには、あなたが書いた文章や写真などの記事を拡散するための「仕組み」があらかじめでき上がっているというメリットがあります。ときどき、「自前で立派なブログを作ったのに、ぜんぜん人が来ない」と嘆く人がいます。

私はこれを「離島のラーメン屋」と呼んでいます。

自前のブログを作るのは、離島にラーメン屋を開店するのと同じ。離島に来てもらうためには、橋をかける必要があります。つまり、宣伝をして、離島にラーメン屋があることを知らしめないと、誰も来てくれません。

アメブロには、アクティブユーザーがたくさんいて、記事を他のＳＮＳに連携させて拡散する機能があるので、広がるスピードが格段に速いのです。

ただし、アメブロの無料プランは自動的に広告が表示され、画像容量にも制限があります。**「ひとりビジネス」で利用するなら、広告をはずしたり画像容量をアップしたりできる「アメーバプレミアム（有料プラン）」の導入を検討してみましょう。**

また、２０２０年４月に、アメブロに独自のアフィリエイト機能「アメーバピック（Ameba Pick）」が導入されたため、他社のアフィリエイトが使いにくくなりました。アメーバピックを利用するときには、登録や審査が必要です。

アメブロにかぎらず、無料ブログのアフィリエイトに対して規制が厳しくなっているのは、最近の傾向です。

これからブログをスタートさせるなら、「はてなブログ」という選択肢もあります。

デザインをカスタマイズしやすく、記事を拡散させるツール「はてなブックマーク」にも定評あり。お金をかけずにブログを運営したい人にオススメです。

また、最近、多くの著名人やインフルエンサーが利用している「ノート（note）」という選択肢もあります。非常に使いやすく、デザインも洗練されていて、初心者でも簡単にブログを始めることができます。有料版には、「自分で価格を決めてコンテンツを販売できる機能」があり、自分の作品を販売して収益を得る新しいビジネスの形として注目されています。

のちほど説明するように、ブログはＳＮＳの起点になる大切な「自分メディア」です。目標読者は１０００人。まずは１００人突破をめざして、コツコツ増やしましょう。

読者を増やすなら、「いいメッセージを発信している」と感じる他人のブログをのぞいて、メッセージつきで読者申請をするという方法がベスト。

そこで、お互いに読者登録をして、ウィン・ウィンの関係を築いていくのです。

代表的なブログ作成サービス4選

アメーバブログ	**規模が大きくコミュニティも充実** 芸能人も利用する日本一規模が大きいブログサービス。会員同士のコミュニュニケーションに役立つツールも豊富で、SNSへの連携も簡単。ただしアフィリエイトには独自の制限がある。 ▶ https://www.ameba.jp/
はてなブログ	**記事をどんどん書きたい人に！** 執筆のプロに選ばれる文章の編集機能が特長。アクセス解析、コメントの管理なども簡単。スマートフォンでも同様の編集機能が利用できるので、スキマ時間に記事をアップできる。 ▶ https://hatenablog.com/
ノート(note)	**「値段」を決めてコンテンツを売れる** 文章、写真、イラスト、音楽などを投稿できるクリエイターのためのサービス。ブログやSNSのように使ったり、コンテンツに自分で値段をつけて売ったりすることができる。 ▶ https://note.com/
ワードプレスブログ	**本格的なブログを作りたい人向け** ワードプレスで作成したブログのこと。サーバー代や、独自ドメインの取得に費用がかかるが、カスタマイズは自由。コツコツ改善して息の長いブログに仕上げたい人にぴったり。 ▶ https://ja.wordpress.com/

メルマガは古くない！「こんにちは」と攻めるメディア

ＳＮＳが全盛の今、「メルマガなんて、ひと昔前のツール」と思われがちですが、とんでもない！　それはまったくの見当違いです。

メルマガは、今でも「ひとりビジネス」に欠かせないツール。メールアドレスを登録しておけば、一斉に同じ内容のメールを送ることができます。

ホームページやブログ、各種ＳＮＳは、ただひたすら相手の訪問をじっと待つ「守りのメディア」。ところが、メルマガだけは、「ピンポーン！　こんにちは」と、ずんずん積極的にこちらから相手を訪問できます。

つまり、メルマガだけが、攻めのメディアなのです。

メルマガを配信するときは、「メルマガ配信スタンド」と呼ばれるシステムを利用しましょう。無料サービスもありますが、ビジネスで利用するなら、やはり有料サービスがオススメです。

有料サービスはメール到達率が高く、「ステップメール」機能も充実しています。ステップメールとは、あらかじめ用意した内容の違う複数のメールを、指定した間隔で、順次、自動配信することができるという便利な機能。登録（オプト・イン）してくれた見込み客に対して、積極的にアピールするときに有効です。

なお、通常のメルマガの本文には、次のような一文を入れておくことをオススメします。

「このメールは、名刺交換させていただいた方やセミナーに参加された方、サービスを利用してくださっている方など、大切な方々に送らせていただいております」

そして、メール配信を希望しない人がスムーズに配信を停止できるように配慮しておいてください。

まずは、あれこれ心配せずに、楽しみながらやってみましょう。

メルマガ配信スタンドの選び方

メルマガで稼ぐなら「メール配信スタンド」選びは、とても重要。無料のメルマガ配信スタンドもあるが、「ひとりビジネス」を続けていくつもりなら、有料のスタンドを選びたい。以下の6つのポイントをチェックして選択しよう。

- □ 利用者が多いかどうか？
- □ 初期費用と月額費用は？
- □ ステップメールに対応しているか？
- □ 毎月何通まで出せるか？
- □ メールの到達率が高いか？
- □ マニュアルがわかりやすいか？

【代表的なメルマガ配信スタンド】

マイスピー（MyASP）	https://myasp.jp/
オレンジメール	https://mail.orange-cloud7.net/
オートビズ（Auto Biz）	https://autobiz.jp/
アスメル	https://www.jidoumail.com/

アフィリエイトもおろそかにしない！

ブログに関連する話題として、アフィリエイトについて、少し説明します。

アフィリエイトとは、ウェブ上の成功報酬型広告のこと。ある企業や個人の商品を紹介して、それが売れたときに、その企業や個人から報酬が支払われる仕組みです。

ちなみに、このアフィリエイトという言葉に、マイナスのイメージを持つ人もいるので、私は「シェア・ボーナス」という言い方をしています。

たとえば、あなたが便利な家電製品を紹介するブログを書いたとしましょう。ブログの記事の最後で、「オススメのいい商品があります！」と紹介。その紹介で、実際に商品が売れたときに、あなたに一定の報酬が支払われるという仕組みです。

アフィリエイトのいいところは「相手も自分もニコニコ」という点。どちらか一方だけが笑って、一方が泣くということがないのがいいですね。

提供する商品がよければ、お客さんもニコニコ。これぞまさしく、三方よし（売り手よし・買い手よし・世間よし）。ビジネスの極意です。

その意味で、本当によい商品を紹介していくことは大切。儲かりそうだからという理由だけで紹介したものは、いずれボロが出るものです。


一般的に、アフィリエイトは、「ASP（アフィリエイト・サービス・プロバイダー）」と呼ばれるサービスを利用します。


ASPにもさまざまな種類があります。「アマゾンアソシエイト」や、「楽天アフィリエイト」「グーグル・アドセンス」などが有名ですが、オススメは、「エーハチネット（A8.net）」。ASPの先駆者であり、日本最大級の広告主や案件数です。

その他、「アフィビー（afb）」や「フェルマ（felmat）」なども、定評があります。

アフィリエイトで掲載できる広告は、おもに「成果報酬型」「クリック課金型」の2種類。

「成果報酬型」は、「一定の条件をクリアした場合に報酬がもらえる」という仕組みです。

アフィリエイトでお金が儲かる仕組み

アフィリエイトとは、成功報酬型の広告のこと。まず、ホームページやブログ記事に企業や個人の特定の商品・サービスの広告を掲載。訪問者がその広告をクリックしたり、その後購入したりすることで、報酬が手に入る。

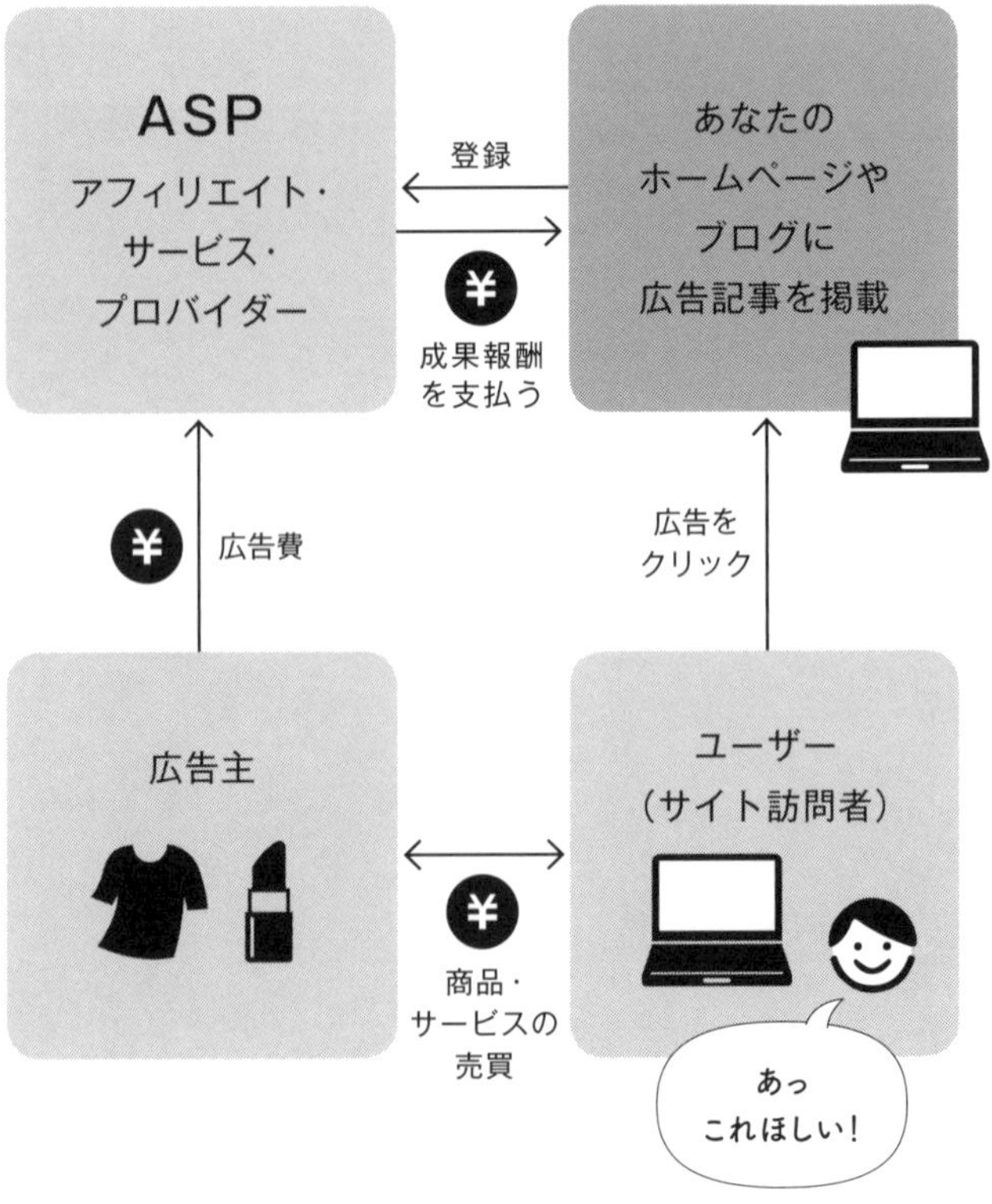

「一定の条件」には、自社サイトへの誘導、資料のダウンロード、商品の購入などがあり、広告主がその条件を決めます。

一方、「クリック課金型」の場合は、クリックしてもらうだけで報酬をもらえます。

成果報酬型で稼ぐためには、ある程度の知識や経験が必要。でも、クリック課金型なら、コツコツ記事を書いてアクセスを集めることで、初心者でも稼げます。

また、アフィリエイトはスマホでもできます。

スマホの操作が得意な人は、パソコンでやるよりも速いかもしれません。やり方に慣れれば、どちらでやっても同じです。電車の中で、カフェで、街角で……、スマホなら、スキマ時間を使ってブログ記事をどんどん増やせます。

もちろん、自分の商品を作ったときも、アフィリエイトセンター（販売者や決済代行業者が紹介してほしい商品を取り扱っているＡＳＰ）に登録するのがかしこいやり方。

アフィリエイトを積極的に活用することで、あなたの商品・サービスの販売促進に役立てることができるのです。

SNSを、ブログに呼び込むための「入り口」にしよう！

「ホームページ＋ブログ＋メルマガ」の基本3点セットが完成したら、これをバックアップするSNSを決めます。

「ブログやメルマガだけでも大変なのに、フェイスブックやツイッターまで始めろと言われても、そんなにたくさん、できないよ！」

という悲鳴が今にも聞こえてきそうです。

ブログの記事を更新するなら、最低でも15〜30分程度はかかります。そこに、フェイスブックやツイッターの作業が加わると、あっという間に数時間経過してしまう……、と心配する気持ちもわかります。

でも、よ〜く考えてみてください。

ほとんどの人は、メインとして使うＳＮＳを決めています。

フェイスブックしか使わない人、ツイッターをメインに使う人、インスタグラムしか見ないという人もいるでしょう。

つまり、人によってＳＮＳの〝生息地〟がそれぞれ異なるのです。

メインとなるSNSはせいぜい1つか2つなので、すべてにまったく異なる内容を書く必要はないのです。


そこで、オススメなのがブログを起点として考える方法です。

ＳＮＳは、どんどん更新されるフロー型のメディアですが、ブログに書いた記事はしっかりと残るので、データベースになります。

ブログにしっかりと内容の濃い記事を書いて残しておき、フェイスブックやツイッターなどのＳＮＳには、興味をひくための「前フリ」だけを書きます。そして、ちゃっかり、ブログのリンクを張っておきます。

SNSを入り口にして、あなたのブログへ誘導するのです。

SNSをマキエにしてブログの閲覧数を増やす

SNSは時間とともに流れては消えていくメディア。ホームページやブログの記事に誘導するツールとして活用しよう。

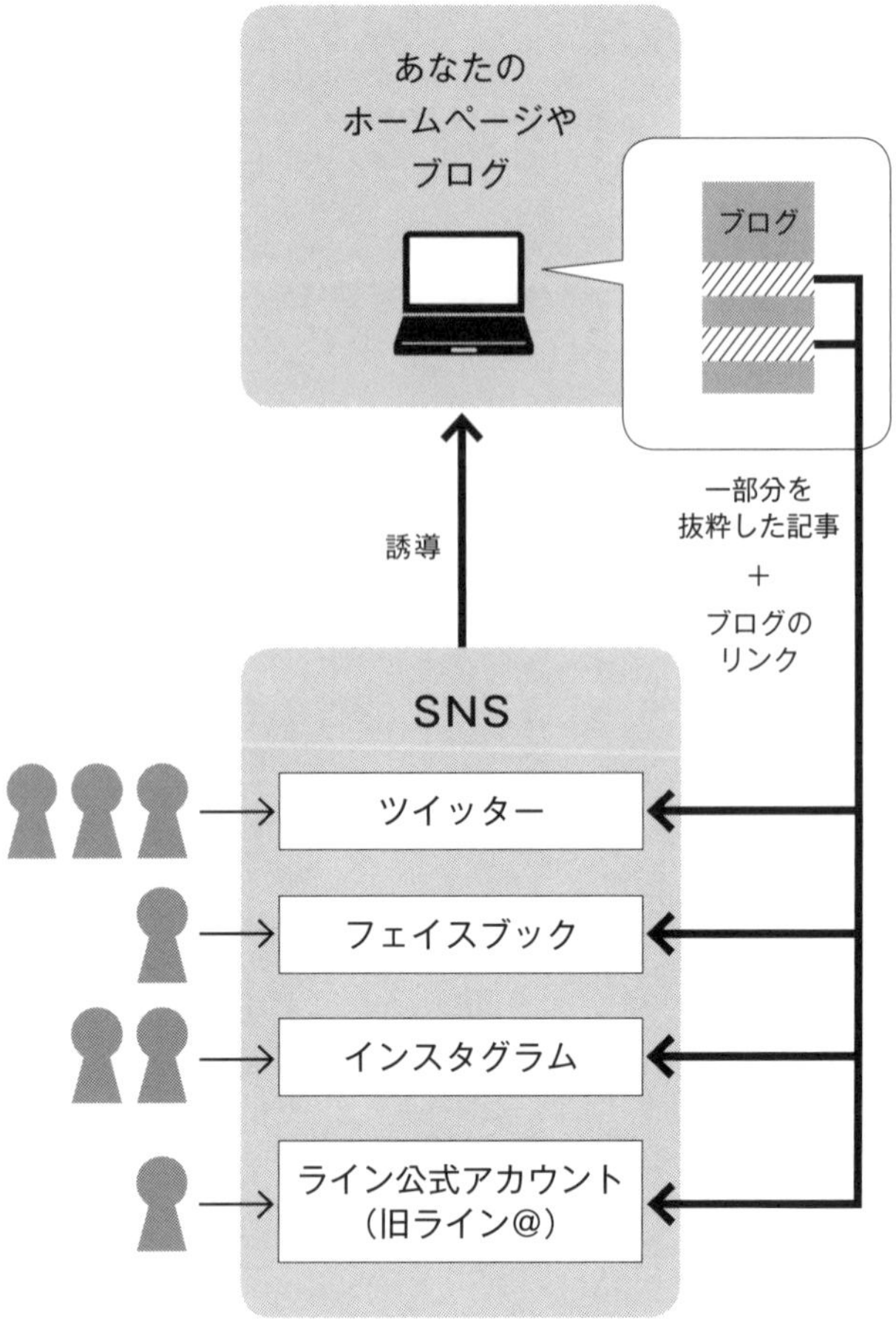

ツイッターとは、「ミニブログ」。新聞やニュースで言えば、ヘッドラインです。パッと見ただけでひきつける見出しを書いて、最後にブログのリンクを張る。たとえば、「たった7日間で、外見も心も美しくなれるサービスを体験してみた」「絶対に前向きになれる！　あの偉人の不思議な言葉のまとめ」などのつぶやきがあったら、つい、そのリンクをクリックしたくなるでしょう。

フェイスブックも、ダラダラと長い文章を書くより、印象的なビジュアル画像をアップするほうがシェアされやすいと言われています。

ＳＮＳを連動させれば、それぞれのメディアの利用者に、あなたのメッセージを届けることができます。あなたの思いをしっかり込めたブログに、人を集めることができるのです。

あとは、これを地道に愚直にコツコツとひたすら継続するだけです。

また、リンク先のブログには、ツイッターやフェイスブック、インスタグラム、ライン公式アカウント(旧ライン@)など、共有のためのソーシャルボタン群をつけましょう。記事の最初と最後につけて、サンドイッチにするのが基本スタイルです。

動画から「自分メディア」へ！

ズバリ断言します。今は、動画の時代です！

ここまで作った「基本3点セット＋SNS」に、動画チャンネルをプラスして「自分メディア」をさらに強力なものにしましょう。


動画と言えば、「ユーチューブ（YouTube）」です。

スマホやデジカメで動画を撮影し、そのデータをパソコンに移行させてユーチューブにアップするだけ。パソコンを使わず、スマホだけで、すべてをすませることも可能です。

動画の長さは1分から、長くても3分。できるだけ、3分を超えないようにしてください。短い動画をたくさんアップしたほうが効果的です。

ユーチューブには、「一般公開」「限定公開」「非公開」の3種類の動画があります。誰でも無料で見られる「一般公開」は、あなたのサイトへ誘導するための動画です。「限定公開」の動画は、あなたがURLを教えた人だけがチェックできるようにします。

一般公開はすべての人に、限定公開は特定の人に、と考えて動画コンテンツを使い分けましょう。

ユーチューブに動画をアップしたら、自分のホームページやブログにそのリンクを張っておくことも忘れずに。SNSを利用している場合は、そちらにも動画のリンクを張っておきます。

また、インスタグラムを、動画メディアとして利用する方法もあります。自分で動画を編集するスキルが必要ですが、「IGTV」というアプリを使えば、最長60分の動画を投稿できるようになります。

さらに、「ライン公式アカウント（旧ライン＠）」を利用して、動画をメッセージとして送ることもできます。

ユーチューブ以外での動画投稿も、候補としてぜひ検討してみましょう。

「ウェブ×セミナー＝ウェビナー」でコンテンツを提供しよう

ユーチューブの「限定公開」の動画は、特定の人に向けて公開するため、その動画を宣伝として活用することができます。

その、もっともよい例が、「ウェビナー」です。

ウェビナーとは、「ウェブ」と「セミナー」を掛け合わせた造語。その名の通り、インターネット上で開催するセミナーのことです。

本来は、ホテルや会議室に人を集めて行うセミナーを、ウェブ上で実施。このウェビナーによって、遠方の人でも気軽にセミナーを視聴できるようになるわけです。

ウェビナーには、リアルタイムで「ライブ配信」する方法と、録画しておいた動画を配信する「録画配信」があります。

ウェビナーはインターネットで配信するため、会場を借りる必要がなく、コストがほとんどかかりません。参加者も、動画を視聴できる端末とネット環境さえあれば、どこからでも参加できます。

リアルタイムでライブ配信するなら、従来のセミナーと同じように、**あらかじめ配信する日時を告知しておき、時間になったらセミナーをスタートさせます。**視聴者参加型にして、質問を随時《ずいじ》受けることも可能です。

一方、録画配信は、前もって動画を編集できるので、テロップを入れたり無音部分をカットするなど、より精度の高い情報を届けられます。視聴者にとっても、自分に都合のいいタイミングで視聴できるのはとても大きなメリットですね。

ユーチューブには、ライブ動画の配信サービスである「ユーチューブライブ」があり、無料で利用できます。視聴者がライブ配信中に、直接お金を送る「スーパーチャット」という投げ銭機能もあります。

フェイスブックにも同様に、無料で利用できる「フェイスブックライブ」がありますが、ライブ配信中に課金できる機能は備わっていません（２０２０年7月時点）。

この他にも、有料ですが、「ズームビデオウェビナー」「ネクプロ」などの配信サービ

ウェビナーには大きなメリットがある

ウェビナーなら、インターネットに接続できる環境があれば、誰でも参加できる。住んでいる場所や会場の大きさの制限がなく、コスト面でも節約できる。

	ウェビナー	会場のセミナー
開催場所	インターネット上	講演会会場・ 会議室など
準備・運営	日程調整がしやすく、 案内や運営のための 人手がかからない	複数の 運営スタッフが 必要になる
参加者の制限	地理的な条件がない。 配信サービスにより 参加人数が異なる	会場の近辺に住んでいる人が中心。 会場の「収容人数」 という制限がある
コスト	ほとんどかからない	会場のレンタル料や 運営スタッフへの 費用が発生する

スを利用することで、簡単にウェビナーを開催できます。

また、最近は、**テレビ番組のようなプロっぽい動画を配信できるサービス「ストリームヤード（Stream Yard）」が人気です。**

「ユーチューブライブ」や「フェイスブックライブ」でライブ配信するときに、ライブ中のコメントをテロップで表示できるすぐれもので、対談形式の2画面でのライブ配信も簡単にできます。

アカウントを取得するだけで利用できますが、有料版には複数のメディアに一気にライブ配信をする機能もあるので、使い方を研究してみましょう。

さらに、**オンライン学習サイトとして有名な「ユーデミー（Udemy）」に有料講座を作成して収益を上げるという方法もあります。**

ユーデミーは、もともと教育を目的としたサービスで、良質で有益な講座がたくさん用意されており、仕事や趣味に関わる自分の能力を向上させる手段として受講する人が多いようです。

専門的な知識や技術を備えている人や独自のノウハウを提供できる人は、講師として参加することを検討してみましょう。

なんといっても最大のメリットは、集客が不要な点。ユーデミーが勝手に、あなたの教材を売って、決済まで自動でしてくれるので、不労所得化が可能になることです。

また、「ひとりビジネス」で成功している人の中には、「プロダクトローンチ」という手法で大金を稼いでいる人もいます。

これは、アメリカの起業家ジェフ・ウォーカーが考えた販売手法で、プロダクトは「商品」、ローンチは「立ち上げる・公開する」という意味です。

数週間または数か月前から、少しずつ動画やメルマガで情報を小出しにして、お客さんの購買意欲を高め、「商品を買わずにはいられない」という気持ちを引き出しておきます。そして、発売日に爆発的に売れるようにします。この手法は、コンサルティング、カウンセリング、コーチングでも、効果的に使われています。

ウェビナーなど、セミナー形式の商品と相性がいいので、興味のある人は、プロダクトローンチの手法も研究してみましょう。

固定ファンがたくさんいるなら、オンラインサロンという方法も

さて、あなたのビジネスのベースキャンプとなる「ひとりメディア」の形が、イメージできましたか？

最後に、「オンラインサロン」について、少しだけお伝えします。

「オンラインサロン」は、オンライン上にある、有料（月額会費制）のクローズドなコミュニティ。西野亮廣さん、堀江貴文さん、落合陽一さんなどの著名人が主催するオンラインサロンが人気です。

オンラインサロンは、好きな人、好きなことにお金を払って集まる、いわば有料ファンクラブのようなもの。さまざまな専門知識、専門技術を持った人たちが、このオンラインサロンを起ち上げています。

あなたの商品・サービスが軌道に乗り、固定ファンがたくさんいる状態なら、オンラインサロンを運営することも、不可能ではありません。

手軽にオンラインサロンを開設するなら、フェイスブックがオススメです。フェイスブックなら、テキストや画像の投稿、コメント欄の交流、ライブ配信（フェイスブックライブ）、イベントの告知など、たくさんのことが無料でできます。

ただし、フェイスブックには検索機能がないため、過去のコンテンツを管理するのには向いていません。フェイスブックを中心にして、ホームページやユーチューブの限定公開動画で、足りないところを上手に補うのです。

また、オンラインサロンを運営するなら、月に1回、ズームなどのウェブ会議サービスを使って、ウェブ・ミーティングをしましょう。リアルな懇親会（オフ会）は、季節ごとに1回（年に4回程度）のペースで開催するのがいいでしょう。

オンラインサロンの運営には、一定の時間と手間がかかりますが、固定ファンを大切にしたいと考える人は、チャレンジしてみてください。

オンラインサロンって、いいの？

オンラインサロンには、メリットとデメリットの両面がある。「本当に必要か？」と考えよう。

○ メリット
- 自分でルールを決めるので、自由度が高い
- 同じ意識を持つ人と情報を交換できる
- メンバーの意見を聞いて視野が広がる

× デメリット
- 運営のために時間と手間がかかる
- 費用対効果の面でリスクがある
- トラブルへの対処はすべて自己責任

もし、運営の手続きが面倒なら、ディーエムエム（DMM）など、**オンラインサロンのプラットフォームを提供する会社のサービスを利用する方法もあります。**

手数料はかかりますが、運営は格段にラクになります。あれこれ手配する時間がとれそうにない人は、検討してみましょう。

オンラインサロンには、同じテーマに興味がある人や、その道のプロが集まります。オフ会で実際に会うこともできるので、コミュニティが一気に広がります。

自分のサロンを開設する前に、気になる人のサロンを訪ねて研究してみましょう。きっと、よいヒントが見つかるはずです。

ブログ・SNS・動画の連携でお客さんを集める

彩塾（さいじゅく）

◇山口朋子さん（50代・女性）

ひとりビジネスDATA

女性が、起業するために必要なネットスキルを学ぶオンラインスクールを運営。自分の強みを検証してから、SNSや動画で集客する方法を学べる。

年商：2000万円以上
職歴：約12年
https://saijuku.jp/

建築会社で設計図を描く仕事をしていましたが、娘を出産後、将来を考えて、ウェブの勉強を始めました。独学でHTMLを学び、ウェブマーケティングやアフィリエイト、ネット販売などを研究しました。

アフィリエイトでブレイクするまでに3年ほどかかりましたが、そこからマスメディアでの露出が増え、オンラインスクールをスタートさせて12年が経ちます。

私が実践しているブログ・SNS・動画を連携させる手法は、次のような流れです。メインの記事はアメブロに書きます。そこからメルマガとライン公式アカウントへ誘導。フェイスブックでは、ブログや動画の更新時にリンクを入れ、アクセスをうながします。また、ユーチューブのチャンネルには、ライン公式アカウントに登録してくれる人を募ります。動画の情報量の多さ、手軽さが、現代にとてもマッチしていると感じています。

一連の活動を通じて、みんなが知りたいことを提供する、これがいちばん大切なことだなと痛感しています。

最近、大学生の娘が「学生起業モル」という起業に関するユーチューブチャンネルを作りました。彼女も私と同じようにメディアを連携させる手法を実践しており、ユーチューブを更新したら、アメブロとツイッターでお知らせを配信。たまに、インスタグラムやティックトックを使って、アクセスを集めているようです。

ＳＮＳを活用すると学生でも起業できる時代だな、と感慨を深めています。

日本も、企業に就職すれば安泰という時代ではなくなりました。だからこそ、今後も、高校・大学で学ぶ学生たちに、自分で自分の仕事を作り出す「起業という働き方」について伝えていきたいと考えています。

第4章

【集客・販売編】

ネットとリアルの二刀流で売る！

最初のお客さんを獲得する方法

インターネットに「自分メディア」ができたら、いよいよ「集客・販売（フェーズ4）」に進みます。

「ひとりビジネス」を行ううえで、いちばん苦労するのが「集客」です。

なぜ、ここでつまずいてしまうのか？

それは、みなさんが、集客のノウハウを持っていないからです。**ノウハウさえ身につければ、そんなに難しいことではないのです。**

アメリカで、「集客のカリスマ」と言われている人が2人います。

ひとりは、ジェイ・エイブラハム。もうひとりが、ダン・ケネディ。この2人の著作

をよく読んでみると、同じ結論を主張していることに気づきます。それは、

「最強の集客とは、○○だ！」

という結論です。

○○の中に入る言葉を想像してみてください。いったいなんでしょう？

答えは、ズバリ、「紹介」です。

つまり、「最強の集客とは、紹介だ！」となります。

あっけなかったでしょうか？　でも、私は「実に深いなあ」と思います。

集客でもっとも大切なのは、「自分ひとりで集めよう」とアクセクもがかないこと。「助けてください！」と、さわやかにズーズーしくお願いするのです。他の人に紹介してもらうことを、恥ずかしがったりためらったりしてはいけません。

たとえば、あなたが「ひとりビジネス」でセミナーを開いているとしましょう。

とくに、はじめてセミナーを開催するなら、当然、「できるだけたくさんのお客さんに来てほしい」と思いますよね。

でも、チラシをまいたりウェブで宣伝したりしてお客さんを集める方法は、あまりオススメできません。

まずは、友だちの5人からスタートしましょう。

5人だけ集めるのであれば、なんとかできそうですか？　できますよね。

「セミナーの練習をするから、ぜひ力を貸してほしい！」

と、まじめに頼んでください。

誠意をもってお願いをされれば、人は「力になってあげよう」という気持ちになるものです。きっと、心よく協力してくれるでしょう。

そして、2回目は、その最初の5人に、知り合いを紹介してもらうのです。

友人からの紹介で、少しずつ着実にお客さんを増やしていく。これこそが、最短で、しかも最強の集客法です。「どんな人でもいいから、ごっそりかき集めよう」と考えるから、失敗するのです。

2回目以降は、新しいお客さんにも、ちゃっかりお願いしてみましょう。

５人の友人からスタートして集客する

「儲かればいい」という気持ちは捨て、「長くおつき合いできる人を見つける」という発想で！

あなたのファンを
広げるイメージで

「ぜひ、紹介してください！」と。

新規開拓というベクトルも重要です。でも、新しいお客さんを探すために、８割から９割のパワーを注いでしまうと、集客の苦しみにハマってしまいます。

それよりも、友人、知人、今のお客さんをしっかり真心でフォローして、新たなお客さん候補を紹介してもらうのです！

もし紹介してもらえないなら、あなたのやり方や、かかわり方に問題があると考えたほうがいいでしょう。

新規開拓のコツは、キーパーソンに紹介してもらうこと

「口コミで紹介してもらうのが最強の集客」と前項で伝えました。

はじめは友人の友人で正解です。でも、あなたのビジネスが少しずつ動き始めたら、影響力のあるキーパーソンに紹介をお願いしてみましょう。

これまでの私の経験から、次の結論に達しました。

キーパーソンにふさわしい人は、次の3つの条件をそなえている人です。

【キーパーソンの3つの条件】

①自分の本を出版している人（個人的なファンがいる人）

②メルマガを発行していて、かなりの発行部数を持つ人

③自分と相性がよく、お互いに信頼関係を築ける人

自分の本を出版している人であれば、すでに固定ファンがいると予測できます。人気のあるメルマガを発行している人には、発言力があります。

実績のある人のパワーを借りて、あなた自身のステージを上げるのです。

また、「お互いに信頼関係を築ける人」もキーパーソンの条件です。目標や考え方が同じ人なら、将来も応援し合う関係になれるからです。

この3つの条件に当てはまる人が、あなたの商品を紹介してくれれば、本当にびっくりするほど効果があります。

キーパーソンに紹介をお願いするときは、「私をこのように紹介してくださいね」という「紹介のひな型」を用意するのが礼儀です。

そのままコピペして使えるような、あなたの商品・サービスの特長を端的に表現するサンプルを作るのです。

サンプルは、以下の4パターンがあればOKです。

キーパーソンに送る紹介文のサンプル

4つの情報を基本とし、各メディアのスタイルに合わせてアレンジする。「自分メディア」へ誘導するリンクもつけておくこと。

① 自己紹介・肩書
② 提供できるもの
③ 支持される理由・実績
④ お知らせ・告知

ツイッター用サンプル

素材：140字以内の紹介文＋リンク

①②③④の順にバランスよく配置。140字以内にまとめる

【急告！ 肩こりはリンパ流しで治る】
整体師・肩こり治療の整体師○○（名前）です。杉並区で整体院××を経営。肩こりの悩みを15分で解決。自分でほぐせる、リンパを流すだけの独自ノウハウを提供。動画の視聴者２万人。来る○月○日、××で特別セミナーを開催します。特典は～

フェイスブック用サンプル

素材：400字程度の紹介文 ＋ 画像（写真）＋ リンク

強いキャッチコピー → 首さすり15分で リンパが流れる! 頭痛が消える

強いキャッチコピーとインパクトのある画像を用意する。

ブログ用サンプル

問題や悩みの共感を求める文章で始め、①②③④の順にまとめる。

素材：800字程度の紹介文 ＋ 画像 ＋ リンク

メルマガ用サンプル

語りかける口調で。ストーリー仕立てにして、どんなコンテンツを提供できるかを予告。

素材：800字程度の紹介文 ＋ 画像 ＋ リンク

【紹介文のサンプル】

①ツイッター用の１４０字以内の紹介文
②フェイスブック用の写真つきの紹介文
③ブログ用の長めの紹介文
④メルマガ用のストーリー仕立ての紹介文

もし、この４つの紹介文を用意するのが難しい場合も、ショートバージョンとロングバージョンの２種類は用意しておきましょう。

キーパーソンは忙しい人が多く、あなたの紹介文をゼロから作るのは難しいのです。逆に、サンプルさえあれば「紹介してあげようかな」という気持ちになれます。

このひと手間が、あなたの「ひとりビジネス」をブレイクさせるきっかけになる、と考えましょう。

異業種＋同業種のコラボで急成長の波に乗ろう！

昔は小さな会社だったソフトバンク。今や、押しも押されもせぬ大企業に成長しました。では、どうして、ここまで大きくなったのか？

その秘密は、ズバリ、「コラボ戦略」です。

ゼロから取り組むのではなく、すでに、成果を出している人と組む！

ソフトバンクは、小売り部門では上新電機、ソフト部門ではハドソン、インターネット部門ではヤフー、モバイル通信部門ではアップルと組むことで、競合他社を圧倒する販売力を身につけたのです。

世界一のマーケッター、ジェイ・エイブラハムも、

「もしもあなたのテクニックや方法をすべて失うとして、何か1つだけ残してもいいと

すれば、いったい何を残しますか？」

というマスメディアの質問に対して、間髪を入れずに、

「コラボ」

と答えました。

企業コンサルタントにより、企業に莫大な利益をもたらした彼の事例のうち、実に7割が、コラボに関連したものだったそうです。


「ひとりビジネス」においても、コラボを活用できます。

ひとりでウンウンうなって集客を考えるより、誰かとコラボしたほうが、いい結果につながります。

いっしょにイベントを開催したり、知恵を出し合って商品を作ったり、お互いに宣伝し合ったり……。誰かとコラボするほうが、何倍もラクで、何倍も効果があります。


大好きな人たちとコラボして、ともに、成長・進化していきましょう！

ふり返ってみると、私自身も「自分ひとりでなんとかしよう」とがんばっていたころは、うまくいきませんでした。

ところが、「自分のことはさておき、人を応援してみよう」と考えて、コラボ・セミナーを開催したことでビジネスのステージが変わりました。

そのセミナーをきっかけに、とてもいい成長の波に乗ることができたのです。

コラボするときは、あえて異業種の人とコラボしてみることも大切です。

業界の違う人とコラボしてみる。ファン層やターゲットが違う人とコラボしてみる。

たとえば、あなたが今、「ウェブサイト」の仕事をしているとします。

そのとき、まったく分野の異なる「パワーストーン販売」をしている人や「カラー診断」をしている人とコラボしてみるのです。

「ウェブ×パワーストーン」「ウェブ×カラー」という具合です。

一見すると、突拍子もないように思えますが、心配はありません。

コラボにより別のターゲット層が交じり合って、これまで予想したことがなかった新たな化学変化が起こります。

コラボ商品で新たなファンを獲得しよう

異なるジャンルの人がコラボすることで、思いがけないコンテンツが生まれてくることがある。「お互いのノウハウを活かせるコンテンツは何か？」と考えてみよう。

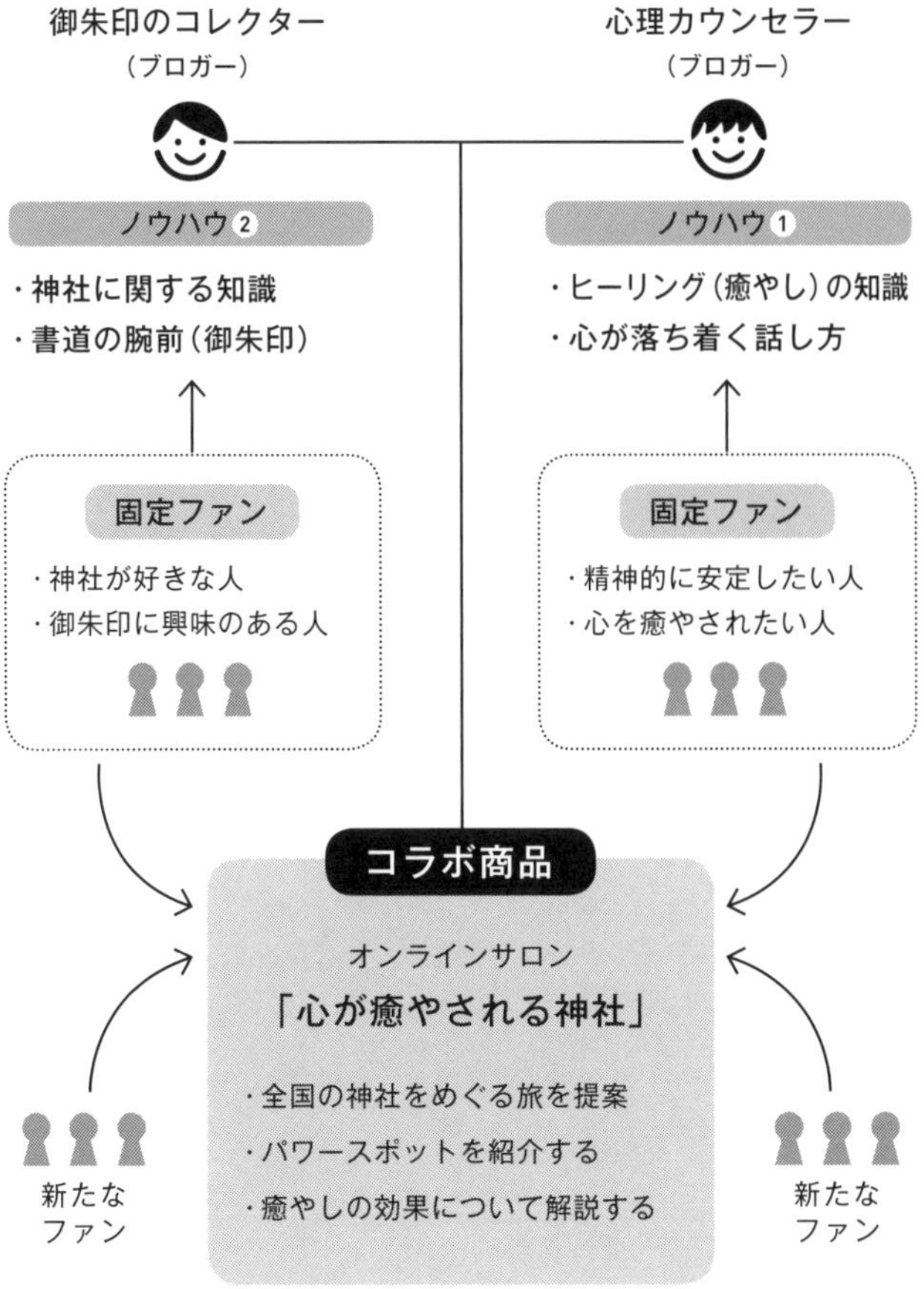

一方、あなたと同じ分野の商品を販売している人ともコラボできます。

これは、大企業ではありえないことです。

キリンがサントリーのビールを売ることは、ありません。

ライオンが花王の石けんを扱うことも、ありませんよね？

ところが「ひとりビジネス」なら、類似商品をお互いに紹介したり、「〇〇に役立つ商品ベスト10」という切り口で紹介したりすることができます。

私は、同業者と言える人たちが集まって、お互いに売り上げを大幅にアップさせた例を、たくさん見てきました。

「ひとりビジネス」では、同業者を、お互いに足を引っぱる「ライバル」と考えないことが大切。「いっしょに成長していく仲間」と見るのです。

つまり、「競争から、共創へ！」と考え方を変えるのです。

異業種でも同業種でもかまいません。「コラボ」こそが「ひとりビジネス」を加速させるコツなのです。

「ひとりビジネス」には口コミ戦略が必須！

もう少し、集客について説明します。

集客をしているときに「苦しい」と感じるのは、なぜでしょうか？

それは、「集める」と考えるからです。

「どうやって集めようか？」

「集められなかったらどうしよう？」

などとクヨクヨ悩まずに、「お客さんは必ず集まる」と考えてみましょう。


大事なのは、発想の転換。「集める」ではなく、「集まる」です。

「集める」と「集まる」は、たった1文字の違いですが、この違いは大きいのです。

「ひとりビジネス」の集客のゴールは、人が自然と集まる仕組みを作ること。「仕組みを作るために、何をすればいいのか?」と考えてみましょう。

答えは、「口コミ」です。

「ひとりビジネス」を発展させるカギは、口コミにあります。

逆に、口コミがまったく発生しない「ひとりビジネス」は、自然消滅する可能性が大、とも言えます。

口コミとは、口から口へ情報が広まっていくこと。

耳よりな情報は必ず人から人へ伝わります。カフェで、仕事場で、居酒屋で、スポーツジムで……。Aさんから B さんへ伝わる口コミの威力は、絶大です。

「○○ちゃんの商品、とても役に立ったよ。あれは、絶対におトク」

「○○さんのセミナー、すごくよかったよ。あなたも、行ってみたら?」

というように、あなた以外の誰かが、あなたの「ひとりビジネス」をPRしてくれることが、集客につながります。

一方、口コミはインターネット上でも威力を発揮します。

デジタルでの情報拡散も口コミの一種です。インターネットニュースやブログ、ツイッター、フェイスブック、ラインなどを通じて広まっていく情報も口コミです。インターネットが当たり前になった今、個人が発信した情報が世界中に広がり、お互いに影響を与え合うようになりました。

このような口コミを中心とした広告効果を「バイラル・マーケティング」と呼びます。バイラル（viral）は「ウイルスの、ウイルス性の」という意味で、ウイルスのように、またたく間に世の中に〝感染〟していくさまを表しています。

コストがかかるテレビや新聞、交通広告などのマスメディアを使わない「ひとりビジネス」の集客において、バイラル・マーケティングは必須のもの。低コストで非常に大きな効果が期待できる、口コミの戦術を考えましょう。

具体的には、次のような仕掛けが考えられます。

【バイラル・マーケティング4つの手法】

①紹介者に報酬を出す（アフィリエイト）
②キーパーソンに紹介してもらう
③割引特典やスモールプレゼントを用意
④ユニークな動画で話のネタを提供する

①②はすでに紹介した手法です。③の魅力的な割引特典や意外なスモールプレゼントを用意して人を呼ぶ方法も、タイミングよく発信すれば効果的です。また、④の「あのユーチューブ見た？」と話題になる動画を提供することも、集客につながります。

この他にも、口コミにつなげる方法は見つかるはずです。

「そのうち、誰かが紹介してくれるだろう」
「すばらしい商品だから、必ず評判になる」
という無邪気な思い込みは捨てましょう。

これからは、**「集客＝口コミが発生するシステムを作ること」と考えるようにしてください。**

インターネット上の口コミで拡散する手法

バイラル・マーケティングとは、口コミで広げる手法。有名人などのインフルエンサーの力を借りて拡散する手法（バズ・マーケティング）もある。

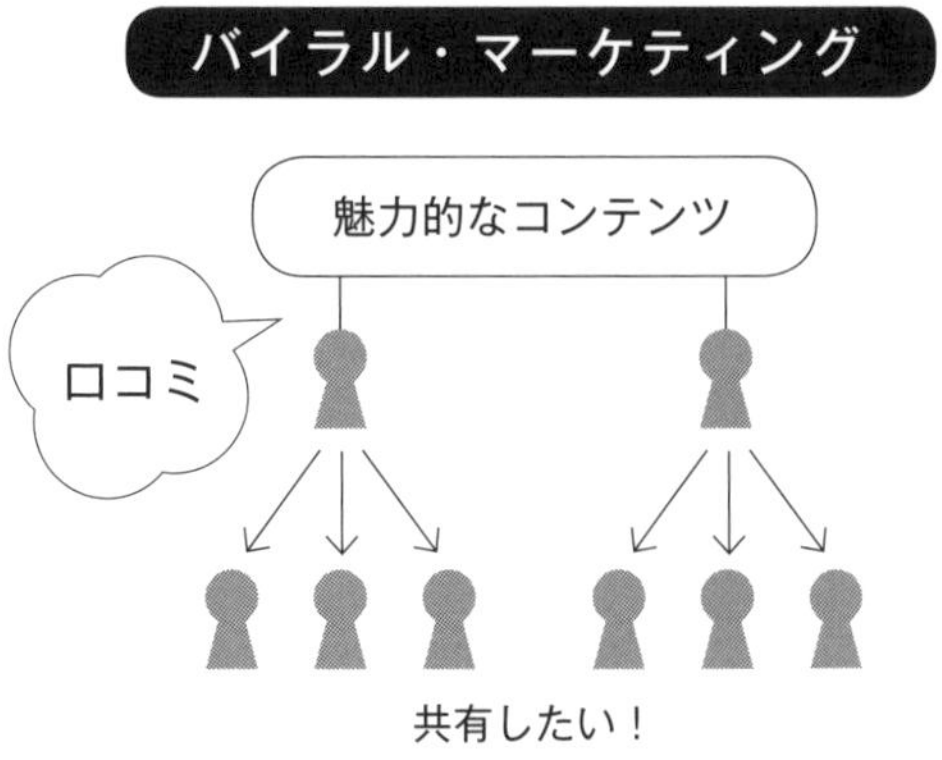

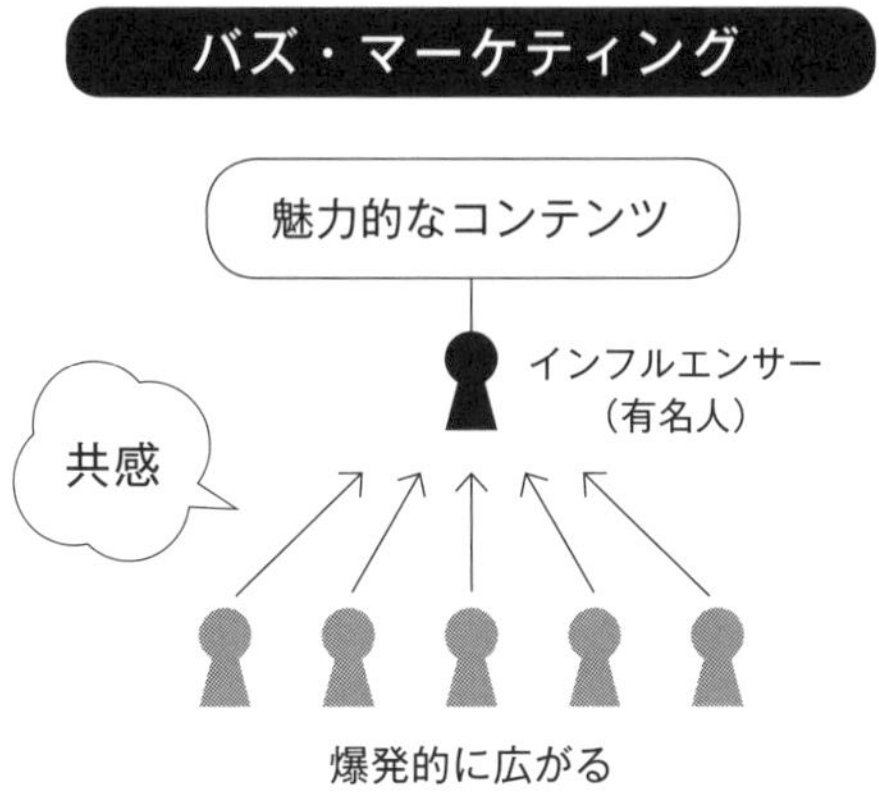

「ビビサク」を応用！キャッチコピーはあなどれない

「ひとりビジネス」の集客には、もう1つ大事なことがあります。

それは、キャッチコピーです。


「そうだ 京都、行こう。」

これは、1993年からJR東海が実施しているキャンペーンの有名なキャッチコピーです。短いフレーズですが、これを見ただけでCMの映像が浮かんできます。

この他にも、すばらしいキャッチコピーは世の中にたくさんあります。

あなたのキャッチコピーは、なんですか？

もし、「コレだ！」と思えるようなキャッチコピーが見つかっていないなら、とことん納得できるまで考えてみましょう。

たとえば、

「困ったときは、〝９マス思考〟がオススメです」

という説明型のキャッチコピーよりも、

「困ったときこそ９マスがあるじゃないか‼」

という直感的なキャッチコピーのほうが、よりエモーショナルですよね。


人は秀逸なキャッチコピーに引力に引かれるように集まります。

売れている商品や評判になっているサービスは、いいキャッチコピーと結びついていることが多いのです。「おっ、コレはいいかも？」と注目してもらえるキャッチコピーを考えてみましょう。一度、目にしただけで記憶に残るようなコピーを発信できれば、人がどんどん集まってきます。

まだ決定打がない人は、アンテナを張りめぐらせて探し続けてください。

そして、ビビッと来るキャッチコピーができたら、サクッと応用。この「ビビサク」のスタンスが、あなたの「ひとりビジネス」を加速させるエンジンになります。

キャッチコピーに使われる定番の言い回し

キャッチコピーには、注目を集めるために効果的な定番の言い回しがある。代表的なものを覚えておこう。


「たった○日で××になります」

即効性があることを強調するフレーズ

「1日たった○円で!」

コストがかからないことを強調するフレーズ

「～するための○つの方法」

効果がある特別な方法や整理されたポイントを示すときに

「～した経験はありませんか？」

疑問形にして共感を求める言い回し

「○○をご利用の皆様へ」

選ばれた人への限定商品であることを伝えたいときに

「○○でランキング1位！」

多くの人に支持されていることを強調するフレーズ

万人受けをねらわず　ターゲットを絞る

「ターゲッティング」という言葉をご存知でしょうか？

これは、自分の商品・サービスを買ってくれる「ターゲット（対象）」をあえて絞るという考え方です。

「売りたい！　だから、ターゲットを広げたい」と願う気持ちはわかります。でも、不思議なことに、老若男女、あらゆる人をターゲットにしようとすると、あまり売れないのです。逆に、ターゲットを絞れば絞るほど、売れるのです。

ターゲットを広げると、薄ぼんやりとしたメッセージになりがちです。ところが、ターゲットを狭めれば、鮮烈なメッセージになり、心に刺さります。たとえば、「髪を大切にする、すべての人に使ってほしい商品です」

とメッセージを届けるよりも、

「モテたい！　だけど髪に問題がある。そんなあなたに！」

と宣伝したほうが、100倍効果があります。


「英語の常識を身につけたい、すべての人に役に立つ小冊子です」

とアピールするよりも、

「英検○級をめざす人に！　必携バイブルです」

とターゲットを絞って宣伝したほうが、確実に売れます。

受験する学生はもちろんのこと、受験生の保護者、社会人にまで、口コミで広がっていきます。自分が買わなくても、「プレゼント用に喜ばれるかも」と考える人がいるのです。


ターゲットは、あえて絞る！

「別のターゲットには、別の商品・サービスを用意すればいい」と考えましょう。

ターゲットを絞るための３つのアプローチ

対象があいまいな商品は売れない。ターゲットを絞るコツを身につけておきたい。

× ターゲットが広すぎる　歯を大切にするすべての人に

↓

○ 悩みを限定する　口臭を消したいあなたに!

× ターゲットが広すぎる　スポーツ観戦が大好きな人に

↓

○ ジャンルを絞る　野球ファンなら絶対ほしい!

× ターゲットが広すぎる　旅行が大好きな人に

↓

○ 地域を限定する　「夏は北海道!」という人に

イベント集客支援サービス「こくちーずプロ」活用術

「ひとりビジネス」の集客を支援する、便利なツールがあるので紹介します。

それは、ウェブサービス「こくちーずプロ」。

名前が「告知」のもじりなので、なんとなく頼りなく思えるかもしれません。でも実は、これがバカにできない、みごとな集客支援サービスなのです。

しかも、ほとんどお金はかかりません。

集客専用フォームをすぐに作れる、参加者を自動でリスト化してくれる、イベントのあとの懇親会に参加するかどうかのアンケートを自動集計してくれるなど、至れり尽くせり。「本当にこれが無料でいいのか」と、いつも驚かされます。

主催者としては、本当に助かります。

「こくちーずプロ」の特色と特典

「こくちーず（告知's）」を発展させたのが「こくちーずプロ」。事前決済（クレジットカード決済）を設定した場合のみ、システム利用の手数料が発生する。

こくちーずプロの特色	・グループを作成し、コミュニティを作れる ・キャンセル待ちの受け付けができる ・イベントページはSEOに強く、集客力がある

＋

プレミアム会員のおもな特典	・メール配信でイベントを告知 ・アクセス解析の結果を提供 ・広告を非表示にできる

私の友人の会社経営者のMさんは、「300万円かけて、専門業者に作成してもらった自前の集客フォームよりも、『こくちーずプロ』のフォームのほうが優れている。それが、実にくやしい」
としみじみと語っていました。

使ったことがない人は、ぜひ一度使ってみてください。「ひとりビジネス」実践者のとても強い味方になってくれますよ。

無料版でも十分ですが、月1000円（1年単位契約）を支払ってプレミアム会員になると、さまざまな特典が適用されます。気になる人は、チェックしてみてください。

「割引サービス」はアイデア次第！購買意欲に火をつけろ

ここからは、集客だけではなく、販売のことも視野に入れてお伝えします。

第2章でお伝えしたように、「ひとりビジネス」では、フリーミアム戦略（基本サービスは無料で提供し、付加機能を有料にして販売する戦略）をオススメしていません。

「クレクレ星人」を増やすという結果を招くからです。

でも、「割引サービス」ならOKです。

あなたの商品・サービスにぴったりの「割引サービス」を考えてみましょう。

昔、ある航空会社が「早く買えば安くなる」というキャンペーンを始めて大ヒット。ライバルの航空会社がそれに対抗して同様のサービスを展開し、これまた大評判。以降、国内のエアラインでは、「早期購入でチケットが安くなる」という考え方が当たり前になりました。

「ひとりビジネス」でも、「○○割」というサービスをたくさん用意することで、集客・販売に役立てることができます。

「ペア割」「カップル割」「誕生日割」「家族割」「職場割」、リピーターには「常連割」など、ちょっと考えればいくらでも思いつきますよね。

「早朝割」「深夜割」「雨の日割」など、エントリーの時間や天候も活用できます。条件が当てはまる割引があると、「その制度を利用しなければ損」という心理が働きます。こうした購買心理を、ぜひ活用してください。

さらに、集客・販売に役立つ効果的なマジック・ワードがあります。

それは、**「今だけ！」**。

単に「３０００円」とせずに、期間を決めて「今だけ、３０００円」とアピールします。「○割キャンペーン中だから～」「○○記念につき～」など、景品表示法や特定商取引法に照らし合わせ、**不当な表示にならない範囲で、工夫してみましょう。**

景品表示法と特定商取引法

景品表示法とは？

消費者の利益を守るための法律。正しい表示や、
情報提供をすることが求められている。

過大な景品類の提供の禁止	限度額を超える景品を、もれなく、あるいは特定の人に提供することを禁止する。
不当な表示の禁止	実際よりも著しく優良であると示したり、著しく有利であると思わせる表示を禁止する。

特定商取引法とは？

トラブルを生じやすい取引を対象に、事業者が守るべき
ルールや、消費者を守るルールを定めている。

不当な勧誘行為の禁止	虚偽の説明や、価格・支払い条件等を故意に告知しないことなどを禁止する。
氏名等の明示の義務づけ	事業者の氏名および勧誘目的であることを事前に消費者に告げる必要がある。
書面交付義務	契約時に、重要事項を記載した書面を交付することを事業者に義務づけている。
広告規制	重要事項を表示することは義務。虚偽・誇大な広告は禁止。
クーリング・オフ	消費者は、申し込みまたは契約のあと一定の期間は、無条件で解約できる。

説得よりも納得！ 3つの「セル」を使い分けて売る

突然ですが、「クロスセル」「アップセル」「ダウンセル」という言葉をご存知ですか？
これは、「ひとりビジネス」を行う人が、常に意識すべき3つの販売手法です。

【意識すべき販売手法】

①クロスセル……同時購入を提案する
②アップセル……より高額な商品を提案する
③ダウンセル……より安価な商品を提案する

それぞれ、お客さんを誘う方向に違いがあります。
クロスセルとは、「これを買った人はこちらも買っています！」「ごいっしょにポテトもいかがですか?」というパターン。1つの商品を購入してくれたお客さんに対して、別の商品の同時購入をオススメするのが、クロスセルです。

一方、アップセルとは、より高額な商品へと誘導するマーケティング手法。

たとえば、初回のセミナーで本格的なアドバンス・プログラムやプレミアム・コースについて説明する。大衆車を購入したお客さんに高級車をオススメするというパターンです。

そして、商品を買わなかったお客さんに対して、「もっと安い、こちらの商品はいかがでしょうか?」と問いかけるのが、ダウンセルです。

「ひとりビジネス」では、お客さんに対して、常にこの3つのいずれかを提案するよう心がけます。

ただし、購買をうながすときは、強引にならないように注意してください。

購買意欲がムラムラと湧いてくるのは、お客さんが納得したときだけ。説得するのではなく、納得してもらうのです。

商品を提案するときのタイミング

「クロスセル」「アップセル」「ダウンセル」の声がけは、タイミングが重要。さりげなく、さわやかに、セールスしよう。

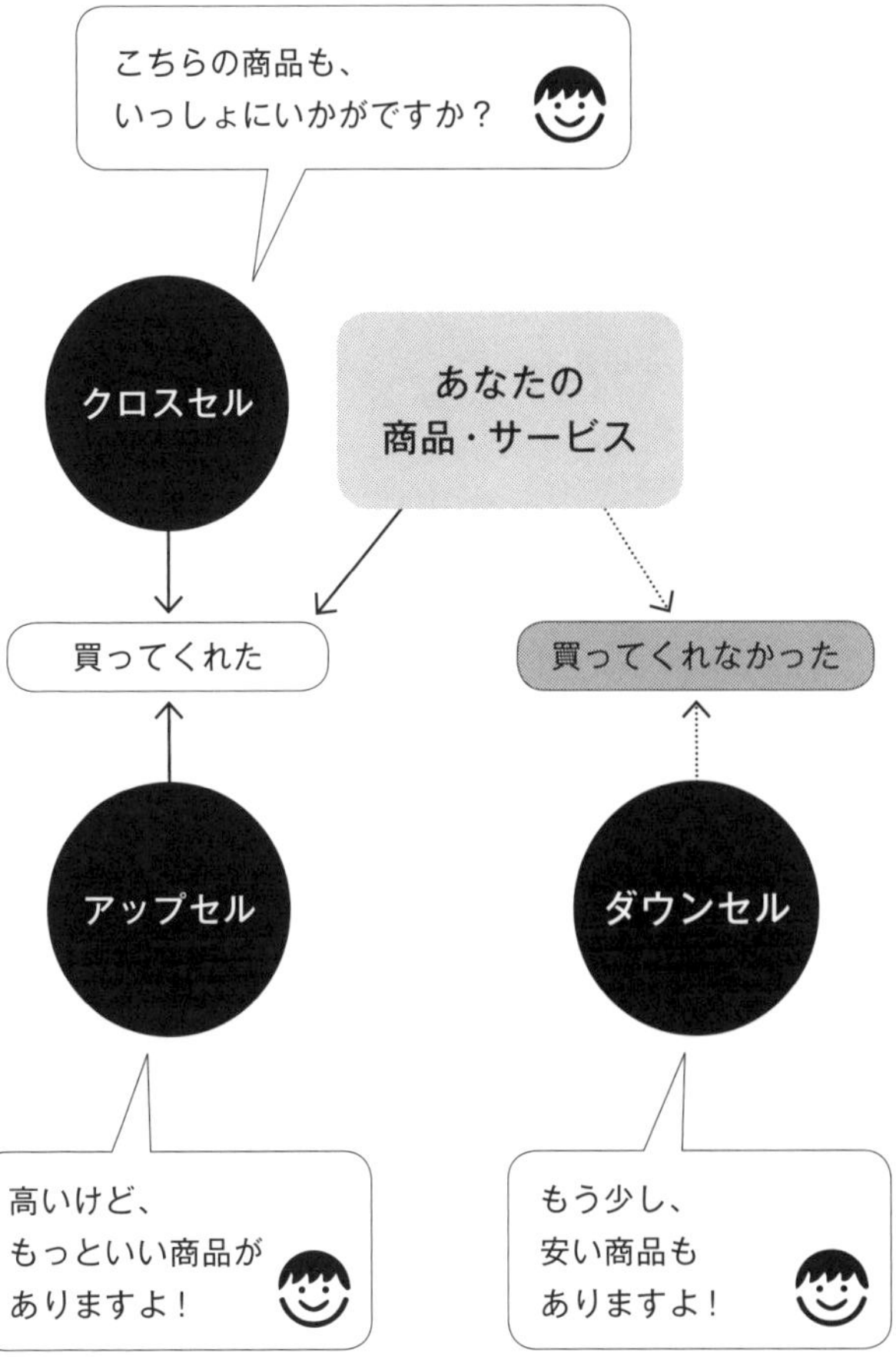

クロージングは「1対1」！対面で会う人がいちばん稼ぐ

「クロージング」というマーケティング用語があります。
お客さんに商品を購入してもらい、売買取引を完了することです。
あなたなら、どんなスタイルでクロージングに持ち込みますか？

【クロージングの４つのスタイル】

①ウェブサイトで取引を完了する
②メールで取引を完了する
③電話で取引を完了する
④対面で取引を完了する

クロージングの公式 ＝「人」に近いほど◎

いちばん稼いでいる営業は、いちばん人に会っている。これは、「ひとりビジネス」でも同じ。サイトだけで取引を終わらないように、時間が許すかぎり努力しよう。

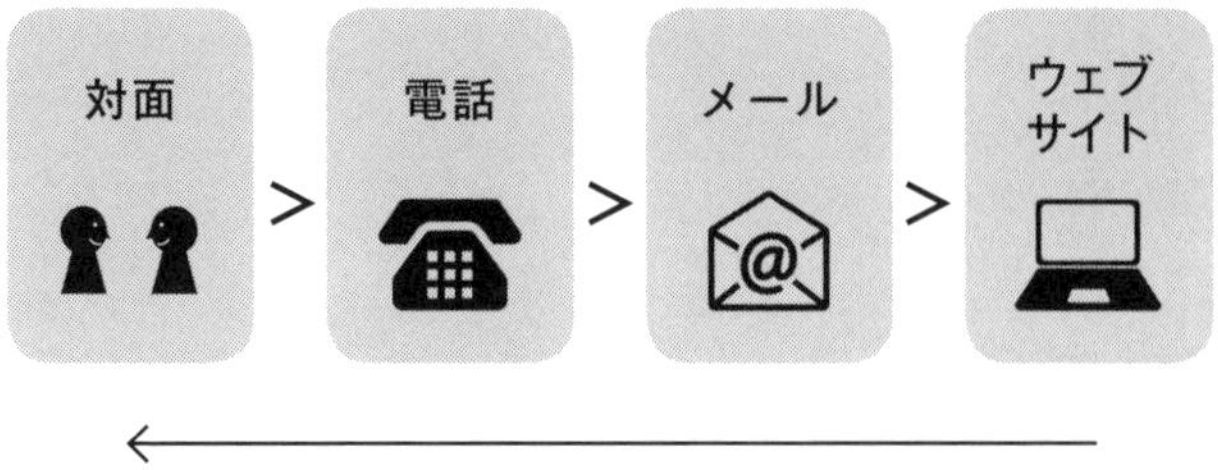

左に行くほど、理想的なクロージングになる

「ひとりビジネス」の場合、ほとんどの人が、①のスタイルを選択しているのではないでしょうか？

実は、クロージングには、以下のような序列があります。

ウェブサイトよりも、メールのほうがいい。メールよりも、電話のほうがいい。電話よりも、対面のほうがさらにいい。

優れた営業は、面倒くさがらずにメールします。面倒くさがらずに電話します。面倒くさがらずに会いに行きます。

いちばん稼げるのは、実際に人に会う人であることを知っているからです。

フェイスブックやメールでやりとりして

いても、そのあとに会う。

デジタルで名刺交換していても、そのあと実際に会う。

とにかく最後は「1対1」。

こういったことを愚直に進めて、結果を出しているのです。

実際に、「ひとりビジネス」では、お客さん全員に会うことは難しいのは事実です。でも、ホームページだけ作って、ほったらかしにしたまま、

「商品の申し込みがないんだよね〜」

とボヤくのはやめましょう。

全員に会うのは難しくても、何人かに会うことはできるはずです。


あらかじめ会う目的を伝えて、「お茶しましょう」と声をかけます。軽い気持ちで応じてもらえるように、「お茶」という言葉で心のハードルを下げておくのがポイントです。

会うのが難しいときは、電話でもかまいません。

常に、人に寄り添うことを意識して行動しましょう。

合い言葉は「コッコラーレ（イタリア語で寄り添う）」です！

リピート客をどんどん増やすメルマガ&ステップメール

集客・販売からクロージングへ。本当にそれで終わりですか？

「ひとりビジネス」は、継続していくビジネスです。「商品が売れたから完了」ではありません。また、新たな集客・販売のフェーズに向かうわけです。

そのとき、新しいお客さんを探そうとする人がいます。もちろん、新規開拓はとても重要。それがダメ、というわけではありません。

ただし、次の事実も忘れないでください。

マーケティングの世界では、新規顧客の獲得にかかるコストは、一度買ってくれたお客さんにリピートしてもらうコストの5倍から10倍かかると言われています。

つまり、せっかくお客さんを獲得したら、リピートしてもらわない手はないのです。

新規開拓よりも、既存客のフォローアップが大事です！

では、フォローアップのために、何をしますか？
あなたの商品・サービスを利用してくれた人に、個別にメールを送り続けるのは、やっぱり少し大変ですよね。

そこで、オススメするのが、「メルマガ」です。

メルマガなら、比較的簡単にお客さんとコミュニケーションを取り続けることができるのです。

商品購入時にお客さんのメルアドを手に入れたら、新商品のお知らせや割引・特典サービスなど、既存客向けのメルマガを作って送ります。

メルマガは、自分が紹介したい商品・サービスを自分で決めたタイミングで配信します。日々更新されるコンテンツから厳選したものを配信することもあります。

まずは、週に1回くらいの頻度で送ってみましょう。

「いきなりそんなに書けない！」

という人は、満月と新月に2回配信することからスタートしてみましょう。

また、**メルマガと合わせ技で活用してほしいのが「ステップメール」です。**

ステップメールは連続でメールを送るマーケティングの手法。メルマガ配信スタンド（メールマガジンを配信・発行するために必要な配信システム）の機能を使えば、あらかじめ用意しておいた複数のメールを、間隔を設定して自動送信できます。

ステップメールを利用すれば、フォローアップだけではなく、クロスセルやアップセル（187ページを参照）を効果的にうながすことができるのです。

ステップメールは、商品の購入や問い合わせなど、お客さんがアクションを起こしたタイミングで配信が始まります。

目的がクロスセルなら、クロスセル向けのシナリオを。アップセルなら、アップセル向けのシナリオを。1通目から最終配信まで、**一貫したシナリオにもとづいて複数のメールを連続で配信するのです。**

既存客へのメルマガやステップメールの発行数が増えれば増えるほど、売り上げは順調に伸びていきます。あなたも、ぜひトライしてください。

商品購入後に送るステップメール

ステップメールは、いきなりセールスをせず、興味を持ってもらえるよう段階的にアプローチするのが鉄則。

より高額な商品を提案する

1通目：購入のお礼と利用法
2通目：商品を活用した事例
3通目：他のお客さんの体験
4通目：よくある質問の紹介
5通目：アップセルをうながす

point
セールスを行う前に4通目で
グレードの高い商品ならではの特長を説明。

より安価な商品を提案する

1通目：購入のお礼と利用法
2通目：商品を活用した事例
3通目：関連商品Aの紹介
4通目：関連商品Bの紹介
5通目：クロスセルをうながす

point
関連商品A・Bは紹介するだけ。
セールスするのは5通目。

お客さんのメルアドが、「ひとりビジネス」の財産に！

今どき、ダイレクトメールを送る人は、あまりいないと思います。

郵便局の「広告郵便割引」を利用しても、1000通以上郵送すれば、かなりの金額になります。封筒代金やチラシの印刷代は別途。チラシを3つ折りにして、封筒につめて、郵便局へ投函しに行く……かなりの時間とエネルギーを使いますよね。

だからこそ、デジタルの「メール」は千金に値するのです。


つまり、お客さんの「メールアドレス（メルアド）」が、「ひとりビジネス」の貴重な財産となるのです。

メルアドを粗末にする人は、決して成功しないでしょう。

あなたはその肝心なメルアドを、せっせと集める工夫をしていますか？

紙の名刺に記載されているメルアドだけが頼りというのでは、10年かけて集めても、たかが知れています。

物理的に会える人数には、限界があるからです。

だからこそ、メルアドを収集する仕組みを、「自分メディア」のあちこちに設置する必要があるというわけです。

私の場合は、ホームページでメルアドを登録していただくと、行動習慣のヒントをまとめたＰＤＦなど、山盛りの特典をプレゼントする仕組みにしています。

こうして、メルアド（見込み客リスト）をせっせと収集しているわけです。

「アクティブなメルアドを2万件持っていたら、黙っていても食べていける」

と言われています。私の周囲を見わたしてみても、

「たしかに本当ですね！」

と、自信を持って断言できます。

あなたは今、何人のメルアドを持っていますか？　先月から何件メルアドが増えたか、

フェイスブックを起点にメルアドを収集

「いいね!」をたくさん集められるコンテンツをフェイスブックに公開。「いいね!」をくれた人にメルアドを登録してもらい、メルマガで勧誘。シンプルだが効果的な方法だ。

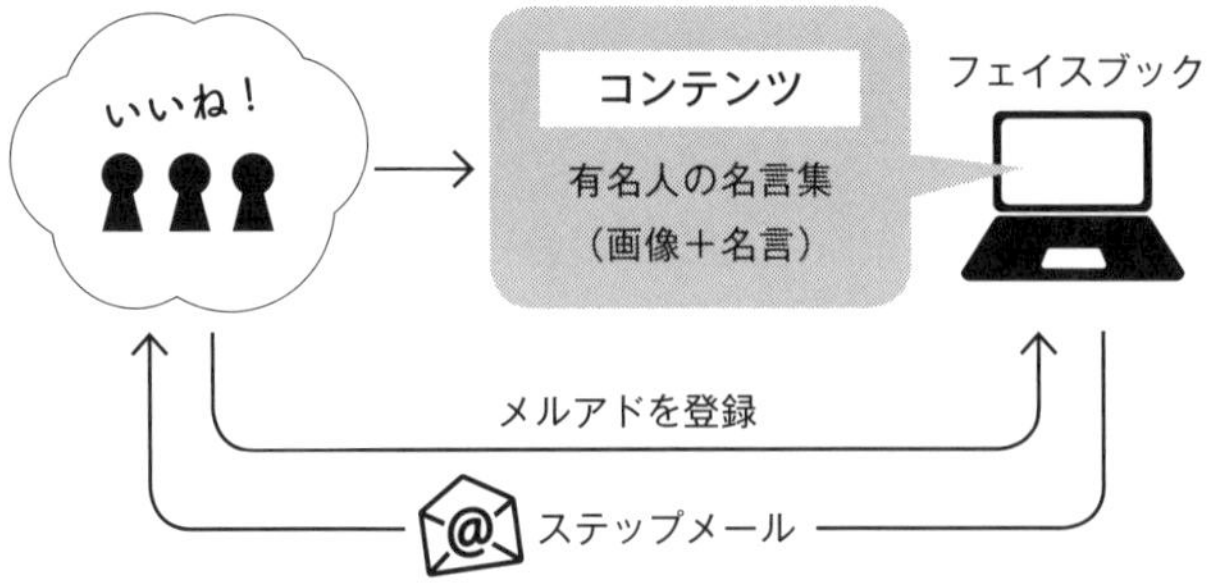

具体的にわかりますか？

「メルアドの数＝あなたのファンの総数」ととらえてみましょう。

メルアドはエクセルのシートまたはグーグル・スプレッドシートに入れて、しっかり管理してください。

数字と正面から堂々と向き合う姿勢が、あなたの「ひとりビジネス」を加速します。

脂肪と借金を減らして、メルアドと貯金を増やせ！

これを、合い言葉にしましょう。

プロモーション戦略のカギは、コンテンツへの信頼と共感！

じぶんストーリー研究室「Jis LAB.」

◇ハクノブアキさん（30代・男性）

20歳のときに海外製品を日本で販売する営業代行で起業しました。寝食の時間を削ってがんばりましたが、最高月収は4万円。死ぬかと思いました。

その後、心がくじけて、引きこもりになりましたが、家族の支えや人との縁に恵まれ、ウェブライターとして再度起業。さらに、ウェブマーケティングを学んで実践。今に至ります。

現在、私のプロモーションでは「ひとりのお客さまと長くつながる」ことを重視しています。トレンドや手法をお伝えするだけではなく、思想や夢を持っている人、

ひとりビジネスDATA

「ひとりビジネス」を志す人のためのスクールを運営。アニメーションクリエイターとして起業するためのスクールなども運営している。

年商：約1億円
職歴：約12年
https://jis-laboratory.com/

かなえたい人、広げたい人を集めることを優先します。

最終的に、ビジネスを成功へと導くカギは「信頼」です。「自分のストーリーを伝えたときに、共感していただけるかどうか」にかかっています。

そのために私は、ブランディングアニメーション（人生のストーリーをアニメーション化したもの）を見込み客に送ります。私の生まれや、どんな人生を歩んで今に至るかを見てもらうことで、絶大な信頼を得られるのです。

また、「ひとりビジネス」では「既存顧客の継続率、リピート率」も大事です。フェイスブックライブやメルマガで、オンラインコミュニケーションの頻度を高めるだけで、既存顧客の継続率、リピート率が非常に高いものになります。

そして、（ありがたいことに！）受講してくれた人が初月から、ひとり、ふたりとお友だちを紹介してくれます。「ホントにいいよ！」と紹介を受けた人は、その後、高い確率でコンテンツに共感してくれるようになります。

「ひとりビジネス」では、共感を生むサービスを提供することが第一。そして、共感してもらえる人を紹介してもらうことが、成功へのショートカットになります。

第5章

【広告・運用編】

儲かり続ける「お金」の仕組み

軌道に乗り始めたら口コミに広告をプラス！

集客・販売からフォローアップまで完了しました。

ここから、第1章で紹介した最後のフェーズ5「自動化する」に突入します。

その前に、ちょっと「広告」についてお伝えしておきます。

「ひとりビジネス」は、基本は口コミでお客さんを獲得しますが、それだけで本当にOKでしょうか？

「広告」という言葉を聞いて、あなたは、どう感じますか？

正直、私には、とっても違和感がありました。

端的に言うと、イヤな感じ。なんだか古くさく感じます。

さらに言うなら、ムリに売りつけているような、あざとい感じがする言葉でした。今思うと本当に恥ずかしい話なのですが、

「できることなら、広告など一切使わずにビジネスをしたい！」

なんて思っていたのです。

しかし、これは、まったくの間違いでした！

「大きな売り上げが望めない『ひとりビジネス』だから、広告費をかけずに勝負する！」

ともがいている人は、考え方を変えましょう。

広告を出せば出すほど、売り上げは伸びます。

「ひとりビジネス」が軌道に乗り始めたら、売り上げの一部を広告費に回すことを考えてみてください。

広告を出して、たくさんの人に知ってもらうことで、確実に売り上げがアップします。

そして、**売り上げを伸ばすことが、自動化して儲ける仕組みを作る下地になるのです。**

フェイスブック広告が最強！「プロにおまかせ」がかしこい方法

「ひとりビジネス」で、取り組んでほしい広告は、ズバリ、フェイスブック広告です。

２０２０年7月の時点で、フェイスブックは、月間で約２６００万人のアクティブユーザーが使うソーシャルメディアとなっています。

さらに、約３３００万人のインスタグラムのユーザーにも、同時配信が可能です。

これは、日本国内だけの数字です。

では、どうやって広告を出すのか？

オススメは「プロにおまかせする」です。

フェイスブック広告には、さまざまなスタイルが用意されています。

広告費を投入して成功のサイクルを回せ

「ひとりビジネス」が軌道に乗ったら、売り上げの一部を広告費へ。広告の効果で、さらにビジネス加速できる。

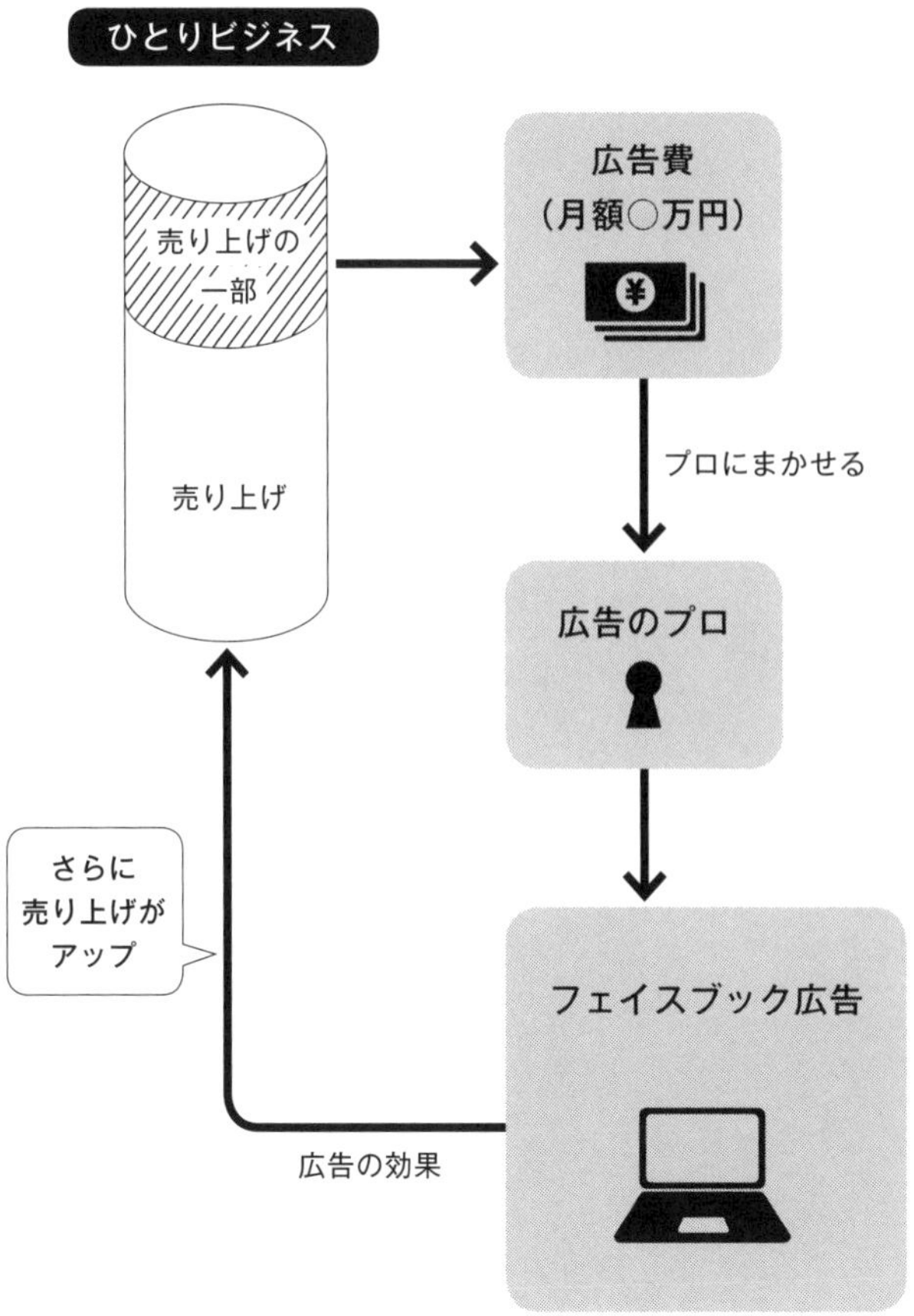

しかも、広告の規約・ルールは、ネコの目のように頻繁に変わります。この仕様変更に、いちいち自分で対応するのは大変です。

だから、**専門家にまかせしてしまうのが、もっとも、かしこいやり方なのです。**

広告費の目安は、1日1000円程度から。これより少額でも運用は可能ですが、少額すぎるとあまり効果が期待できないようです。

逆に言えば、ある程度の広告費が用意できれば、フェイスブック広告を活用できるというわけです。

私の場合は、月額の予算を決めて、調整してもらっています。

「上限は、月額〇万円です。これでお願いします」

と言えば、予算をオーバーするリスクは回避できます。

プロに頼めば、毎月、詳細なレポートを出してくれるので、それを見ながら、広告の出し方を改善していけばいいのです。

フェイスブック広告の特色と課金方式

フェイスブック広告なら、登録情報を利用してターゲットを絞れる。課金には2つの形式があることも覚えておこう。

フェイスブック広告の特長

特長 ① 広告を送るターゲットを絞れる

特長 ② ランニングコストが安い

フェイスブックに登録した情報を利用できる

・年齢　・性別　・趣味
・住んでいる地域 など

↓

商品・サービスに合わせて広告を出す層を決める

【フェイスブック広告の課金方式】

インプレッション課金

広告が1000回表示されるごとに費用がかかる。CPM（シーピーエム）と呼ばれる。

表示1000回につき △円

クリック課金

広告がクリックされるたびに費用がかかる。CPC（シーピーシー）と呼ばれる。

クリック1回につき △円

顧客を掘り起こすなら、「ライン広告」を検討する価値あり

あなたの商品・サービスの対象が20〜40代なら、ライン広告も検討してみましょう。

ラインの国内の月間利用者数は、2020年3月の時点で8400万人以上です。

ユーザー層は、10代から50代までの学生、主婦、会社員。男女比では、女性のほうがやや高く、低価格の商品・サービスで成果が出る傾向があります。

ライン広告を利用すれば、トークリストやタイムラインだけでなく、ラインニュースやラインマンガ、ラインブログなど、ラインのファミリーサービスにも同時配信が可能です。

また、ライン広告は、クレジットカードで支払いができ、面倒な手続きは不要。課金方式は「インプレッション課金」と「クリック課金」で、少額でも予算に応じた配信設

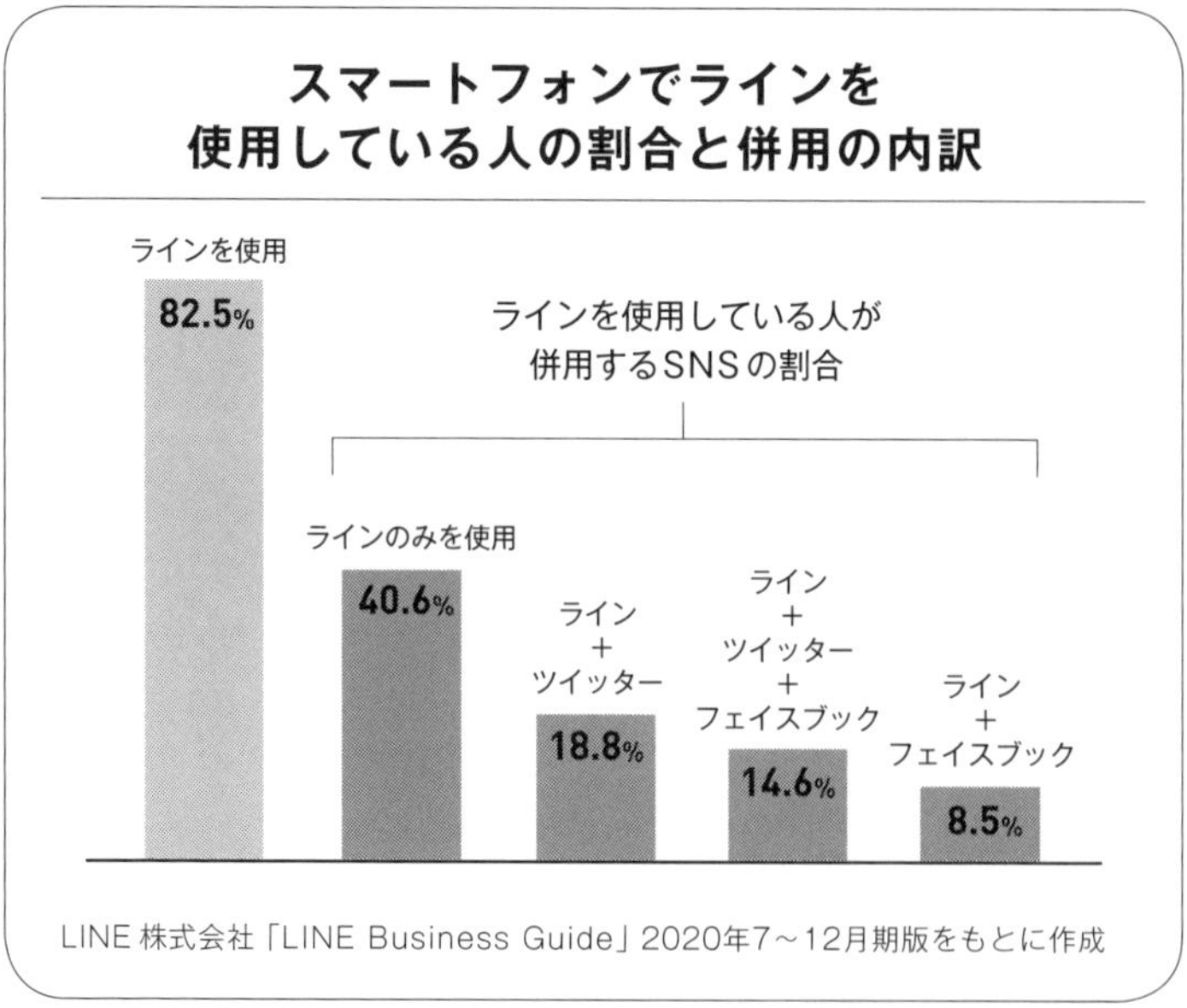

LINE株式会社「LINE Business Guide」2020年7～12月期版をもとに作成

定が可能です。アカウント作成から広告掲載、支払い手続きなどのすべてをオンライン上で完結できます。

ラインが他のSNSと違うのは、スマートフォンのコミュニケーションツールとして利用されているという点。「フェイスブックやツイッターを利用していなくても、ラインだけは使っている」というユーザーが意外にたくさんいるのです。

つまり、ラインに広告を配信すれば、今まで届かなかったユーザー層に告知できるかもしれないのです。

ウェブ広告でなかなか結果が出ないという人は、ぜひ検討してみましょう。

「自動化」の仕組みを作れば、成功のサイクルが回り出す

では、ここから、「自動化」のための仕組みを作る方法をお伝えします。


みなさんは、「働かざる者食うべからず」という言葉を聞いたことがありますか？

実は、これは封建時代の支配階級が、庶民をマインドコントロールして年貢を都合よく取り立てるために作り出した「キャッチコピー」のようなものなのです。

つまり、苦労しなければ報酬を得られないということ。でも、そうでしょうか？

「ラクをして稼ぐ＝悪」ではありません。

「勤労すること」を否定するわけではなく、「稼ぐためには常に苦労しなければならない」と考える必要はない、と言いたいのです。

この古い考えにとらわれていると、**自分の時間と肉体を切り売りしながら稼ぐことし**

「自動化」の仕組みを作るメリット

自動化すれば時間に余裕が生まれる。その時間を有効に使えば、新たなビジネスにつながる。

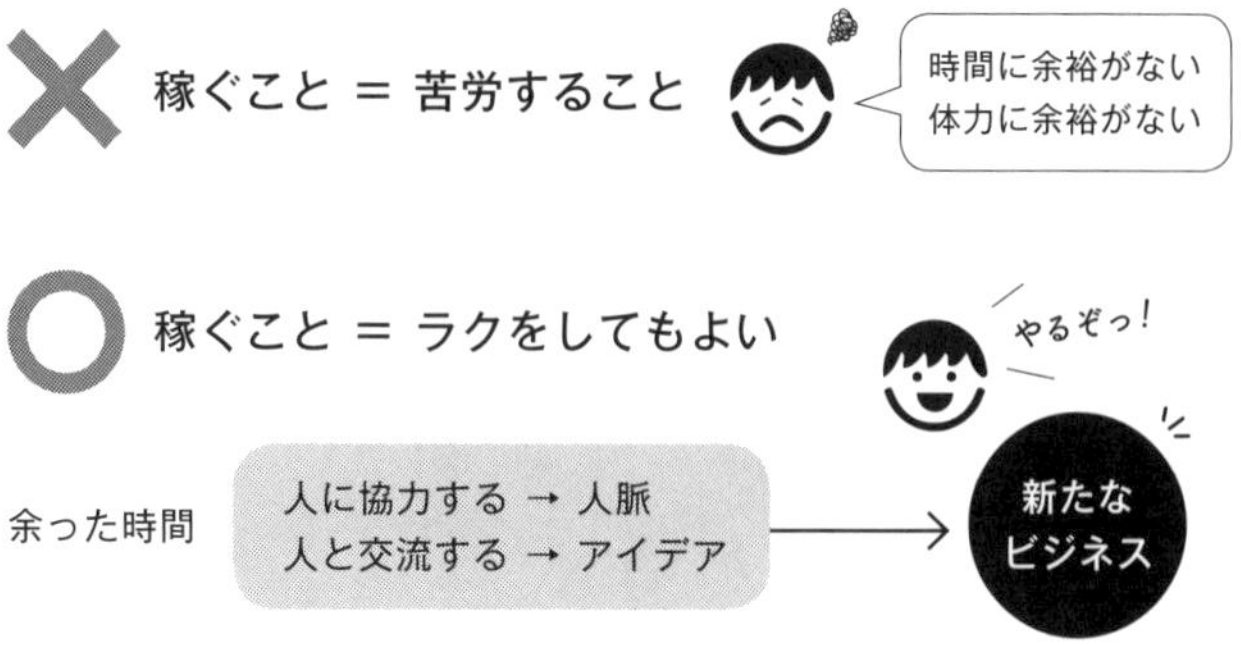

かできなくなるのです。

まず、「ラクして稼いでもいいんだよ」と自分自身に許可を与えてください。

それが、「自動化」の仕組みを作るためのスタート地点になります。

あくせく働かなくてもよくなるから、時間に余裕ができる。余裕があれば、人の相談にのったり人に協力したりできるようになります。そして、人と交流することで、新しいビジネスのタネが生まれます。

ビジネスのサイクルが成功に向けて回り始めるだけでなく、自動化によって社会貢献へと向かう余剰時間とエネルギーが生まれるのです。

基礎編 自動化の仕組み！ステップメールでカード決済へ

では、「自動化」で儲ける仕組みの作り方を紹介します。まずは基礎編です。

基礎編のベースになるのは、オプト・イン用のランディングページです。

「オプト・イン」とは、ユーザーから事前に情報発信や個人情報利用の承諾を得るプロセスのこと。広告宣伝メールを配信する前にオプト・インで承諾を得ることは必須です。

また、この場合のランディングページとは、ユーザーのアクションを誘導するためのウェブページのこと。つまり、「ご案内メールを送りますよ。いいですか？」と許可を求めるための専用ページを作るのです。

そして、「自分メディア」から、このページに誘導します。

ブログ、メルマガ、ツイッター、フェイスブック、インスタグラム、ライン公式アカウントなどにリンクを張り、専用ページに来てもらうのです。フェイスブック広告などを利用している人は、そこにもリンクを張ります。

オプト・インしてもらったら、次はステップメールを送信します。

たとえば、７通で完結するステップメールを送るなら、以下のような内容にします。


【オプト・インから始まるステップメール】
① 登録のお礼、メール内容の予告
②～⑥ コンテンツのダイジェスト版（お客さまの声も入れること）
⑦ 購入をうながす（クロージングへの誘導）

７通目のメールには、決済用のランディングページへのリンクを張ります。

決済用のランディングページも別に作り、そこでカード決済をしてもらうのです。カード会社に支払う手数料は必要ですが、「自動化」のためにはカード決済が必須。入金確認を個別にする手間を省けます。

「自動化」の仕組みを作れば、あとは結果を待つだけ。「今日は何件、売れたかな？」と考えるだけで、**１日の終わりが待ち遠しくなります。**

基礎編：自動化の仕組み

「自分メディア」から、オプト・イン専用のランディングページに誘導し、ステップメールでクロージングまで持ち込む。

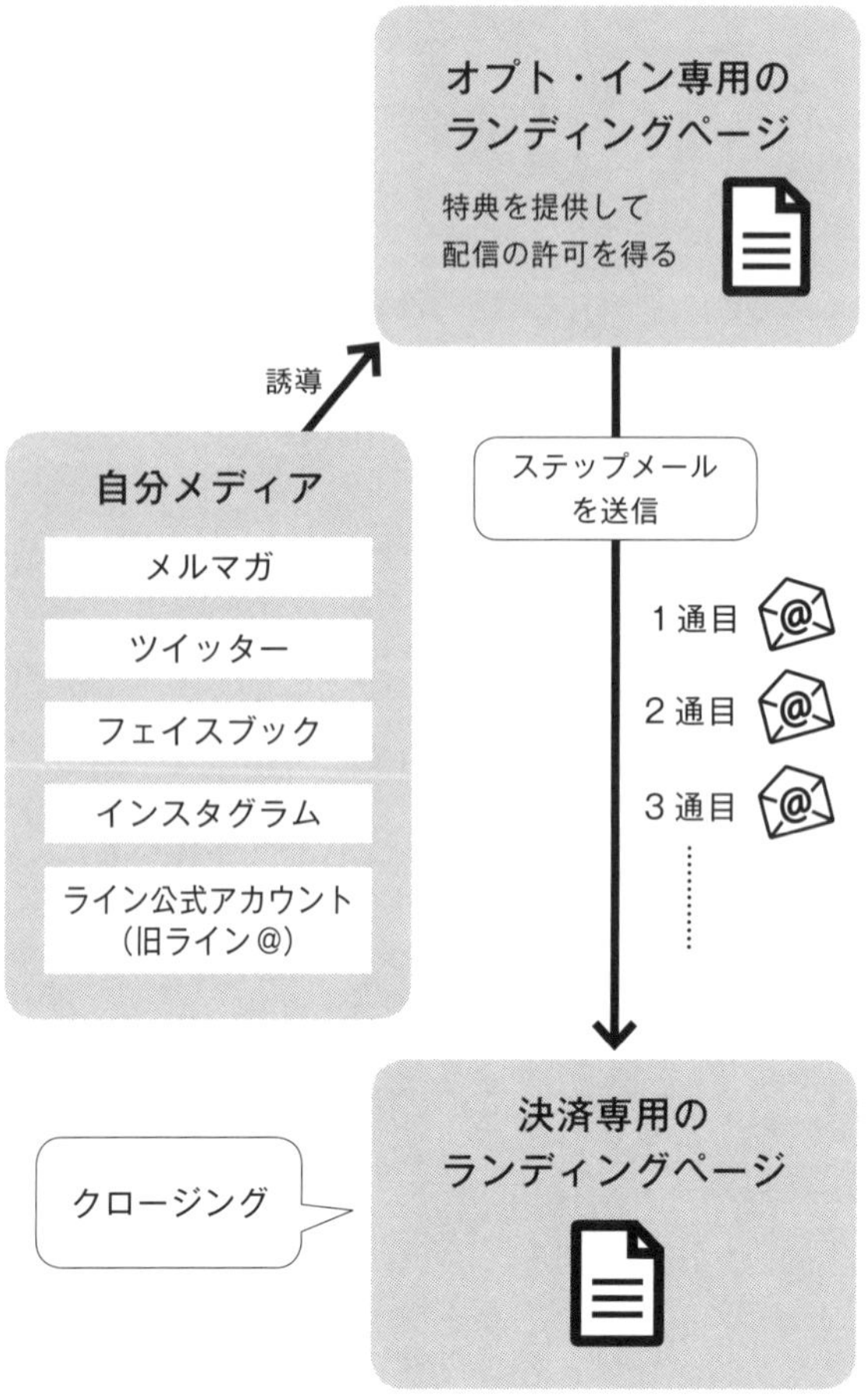

応用編　自動化の仕組み！「ウェビナー」で顧客を細分化する

次は、応用編です。ウェビナー（「ウェブ」＋「セミナー」）というネット上のセミナーを利用して、顧客を細分化します。

オプト・イン用のランディングページを作るまでは、基礎編と同じです。「自分メディア」や広告を使って、ランディングページに誘導します。

応用編では、ランディングページで、無料ウェビナーの公開を予告します。いつでも、誰でも閲覧できる動画ではなく、公開日時をいくつか用意して、選んでもらうのです。

ライブ配信ではなくても、日時が限定されていれば、希少価値が高まります。

たとえば、次のようなスケジュールを設定します。

公開スケジュール1：○月×日 15時～
公開スケジュール2：○月×日 21時～
公開スケジュール3：○月×日 15時～

スケジュールを選んでも、結局、忘れてしまうことのほうが多いですよね。

そこで、**ステップメールを送って、選んでもらった日時を意識してもらいます。**

「公開まで、あと3日です」「いよいよ、明日公開です」「本日、○時に公開します！」とカウントダウンして、「見てみようかな」という気持ちを引き出すのです。

用意するウェビナーの尺は長くても90分程度に収めましょう。90分の動画なら、60分をコンテンツにあて、残りの30分をクロージング（契約完了）への誘導にあてます。


さて、いよいよ、無料ウェビナーを公開する日がやってきました！

ここで、お客さんは以下の3つに分かれます。

○……最後まで視聴した

△……途中で見るのをやめた
×……結局、まったく見なかった

「○」の場合、ここから2つに分岐します。

ウェビナーのページから、決済用のランディングページに移動して商品を購入してくれた人には、より高額の商品を提案するアップセルのメールを自動配信します。

「○」だけれど、結果的に商品を購入してくれなかった人には、より安価な商品を提案するダウンセルのメールを自動配信します。

このとき、期間限定（リミテッド・オファー）にすればより効果的。「本日のみ」「今から6時間以内に」という条件をつけることで、購入をうながすのです。

さて、まだ、「△」の人と「×」の人が残っていますよね。

途中で視聴をやめた人「△」、そして見てくれなかった人「×」には、どうすればいいでしょうか？

そうです、次回の公開スケジュールを告知すればいいのです。

「今回はタイミングが合わなかった方のために、特別に同じ内容の動画を○月×日△時から提供します」という案内メールを送ります。

もちろん、カウントダウンのステップメールでフォローします。


ここで、次ページの図を見てください。

これが、「応用編：自動化」の仕組みです。

顧客の反応を細分化して、メールを送信するまでの流れを、すべて自動化しています。

この仕組みを作ってしまえば、あなたが他の仕事をしている間に、収益が自動的に上がるようになるのです。

すぐに実践するのは難しいかもしれませんが、最終的には、こんな仕組みも作れるのだということを、覚えておいてください。

応用編：自動化の仕組み

ウェビナーとステップメールを組み合わせれば、お客さんの反応に合わせて、セールスを細分化できる。

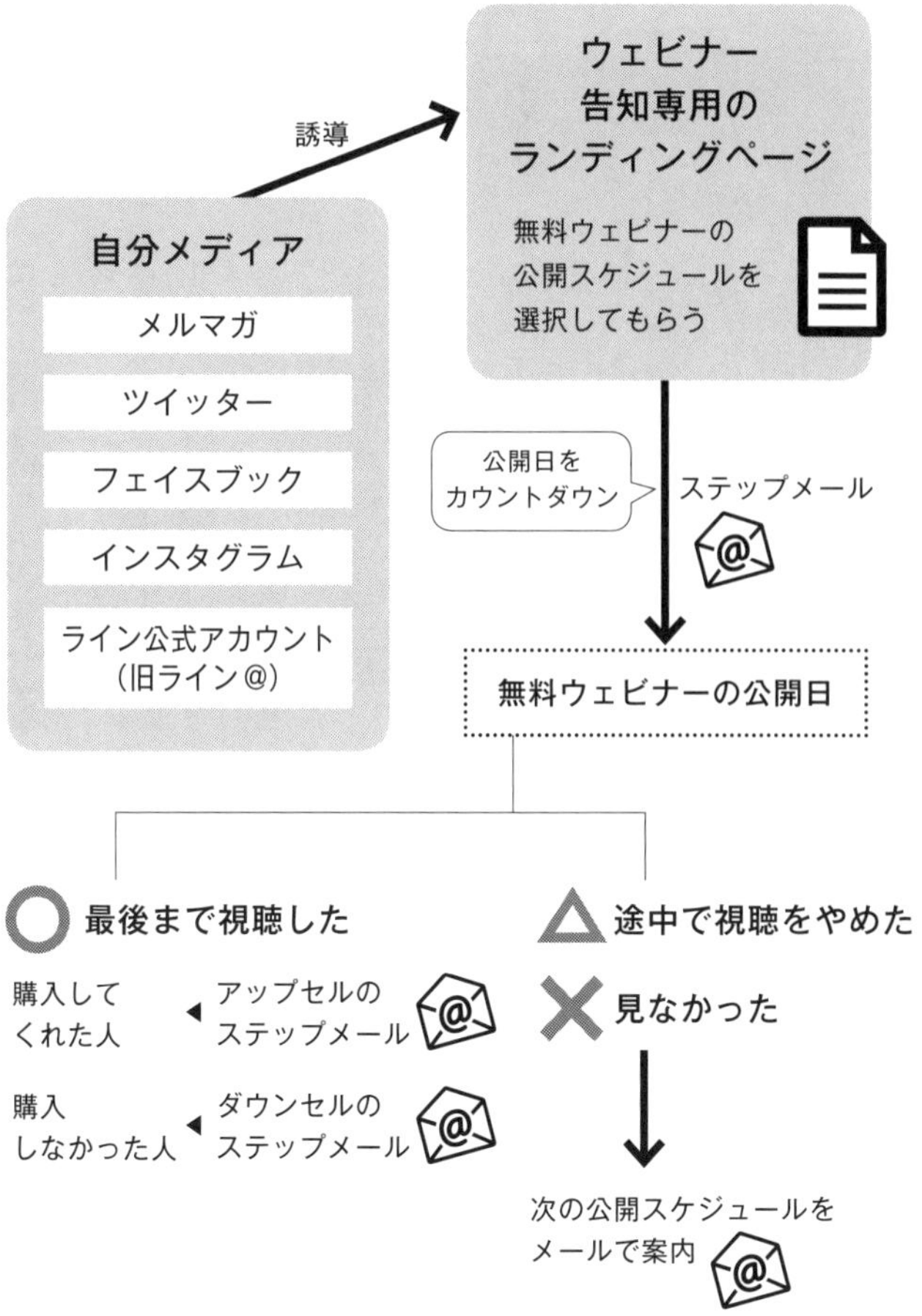

午前中にマネータイムを設定して、「お金の業務」を習慣化

あなたが、自動化する仕組みを作れば、お金がどんどん儲かるようになります。口座にお金が入れば、心に余裕ができるでしょう。でも、「ひとりビジネス」では、お金のことを全面的に人にまかせるのはオススメしません。

ここからは、お金のことやマネー戦略についてアドバイスします。

「ひとりビジネス」では、経理部の人がいちいちチェックしてくれたり、細かく注意してくれたりしません。ほとんどのことを自分でやらなければいけないので、お金関連の事務作業について、自分なりのグランドルールを決めておくことが大切です。

お金の請求や支払いで、失敗したことはありませんか？

お金のことで信用を失うのは一瞬です。信用を築くためには長い時間がかかります

マネータイムを午前中に設定する

午前中はもっとも頭が働く「ゴールデンタイム」
ミスが許されない「お金」のことはあさイチに！

が、なくすときは本当に一瞬です。

請求書を作る、支払いをする書類をチェックする、支払いがすんでいるものと未払いのものを仕分けする、などなど……お金と数字を扱う仕事は、頭がクリアな状態で行うようにしましょう。

お金関連の事務作業は「午前中」にすませてしまうことをルールにします。

午前中に、15分でもいいので、「お金の時間（マネータイム）」を、強制的に設置して習慣化しましょう。小中学校の朝のホームルームの時間のように、ファイナンシャル部門の業務時間を設定するのです。

自分で帳簿をつけて「お金の流れ」を把握せよ

「私はすべて税理士にまかせているから、お金の管理は大丈夫です」と胸を張る人がいます。

大企業の会長ならともかく、これから「ひとりビジネス」を軌道に乗せていこうとする人が、お金の流れを自分で把握できないようではいけません！

お金の管理をするために、会計ソフトを利用しましょう。

優秀な会計ソフトを導入すれば、「貸方・借方」など、難しい知識がなくとも、自動で仕分けしてくれます。青色申告なども、自力でやってしまう人が多くなっています。

実際、優れたソフトがあれば、申告書の作成は、全部自分でできてしまいます。

帳簿は毎日、自分で入力する

「ひとりビジネス」の最高経営責任者は、あなた。人まかせにせず、常に収支を把握しておこう。

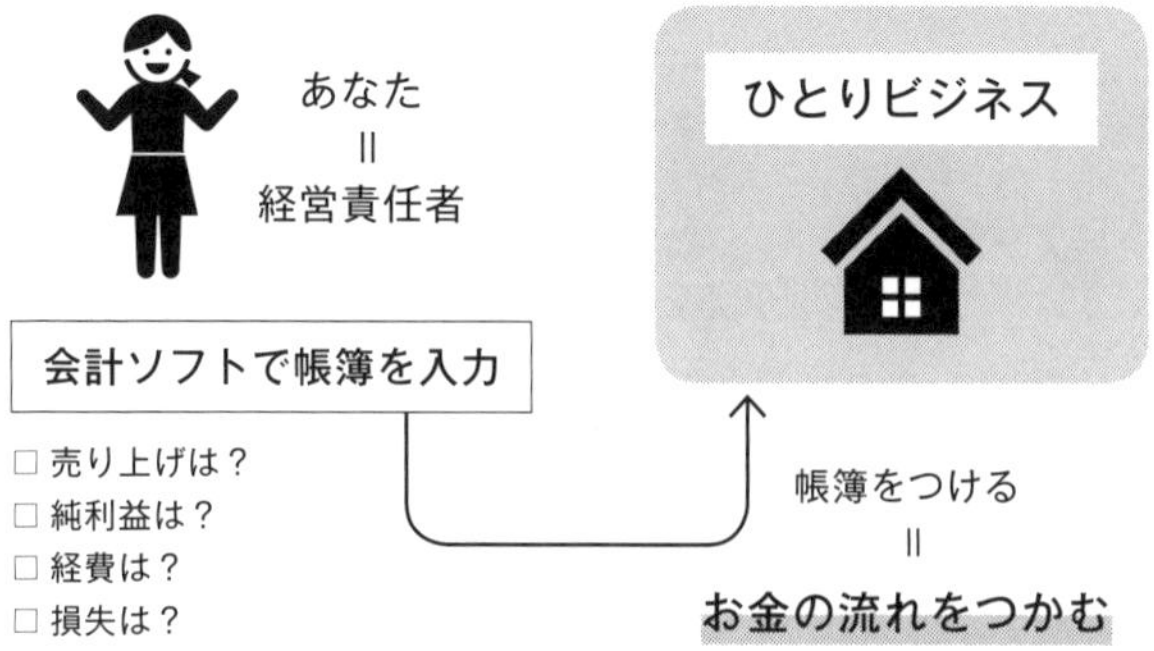

大事なのは、毎日「帳簿」をつける習慣を持つことです。

今、どれくらい利益が出ているのか？ 損失が出ているのか？ 売り上げ、経費などの収支をパソコンの帳簿につけるのです。

「ひとりビジネス」では、〝代表〟であるあなたが、常に収支のトータルをしっかりと把握しておく必要があるのです。

帳簿をつけないと、経営が見えません！

お金が貯まらず、疲れだけがたまります。

売り上げがアップすると儲かっていると錯覚しがちですが、大事なのは、純利益。冷静にきちんと数字と向き合うためにも、帳簿をつける習慣を持ちましょう。

「ひとりビジネス」専用の口座を作る

「ひとりビジネス」で使う口座は、「ネット銀行」がオススメです。

いちいち銀行に行かなくても、ネットの画面上で、リアルタイムで入出金をチェックできます。コンビニなどの提携ＡＴＭが使えたり、振込手数料が安かったりするというメリットも期待できます。

ただし、これは、こちら側の事情。ネット銀行は、実店舗を持っていなかったり、あっても数が少なかったりします。しかも、ネット銀行は、年配のお客さんにとって信用度の面でやや劣るので、「口座はネット銀行のみ」とするのは、危険です。

お客さんの視点に立つと、多くの銀行に口座があったほうがいいと言えます。

ネット銀行にも都市銀行にも口座を持ち、使い分けるバランス感覚が大事です。

また、「ひとりビジネス」では、**「ビジネスの財布」と「プライベートの財布」をハッキリ区別することが重要です。**

いちばんラクチンでスマートな方法は、「管理する場所＝銀行口座」を分けること。そうすれば、ビジネスのお金と、プライベートのお金がごちゃごちゃに混ざってしまうようなことはありません。

ちなみに、**クレジットカードもきちんと使い分けること。**ビジネスの出張用カードを持てば、出張で何にどれだけお金を使ったかがハッキリします。カード会社から送付される利用代金明細書を、そのまま出張経費の明細書として保存できるわけです。

スーパーでの買い物、得意先への手土産、さらにはプライベートの旅行費用まで、何もかもいっしょにすると、どれが経費で落ちるものなのかも即座に見えてきません。

銀行口座もクレジットカードも「分ける」という発想が重要。はじめから分けておけば、経理処理が何倍もラクになります。

お金の管理は、分けることから始めます。

「ひとりビジネス」と「プライベート」をきっちり区別しましょう。

口座もカードもきっちり分ける

ビジネスとプライベートのお金を分けるなら、口座やクレジットカードを別に持つという方法がスマート。

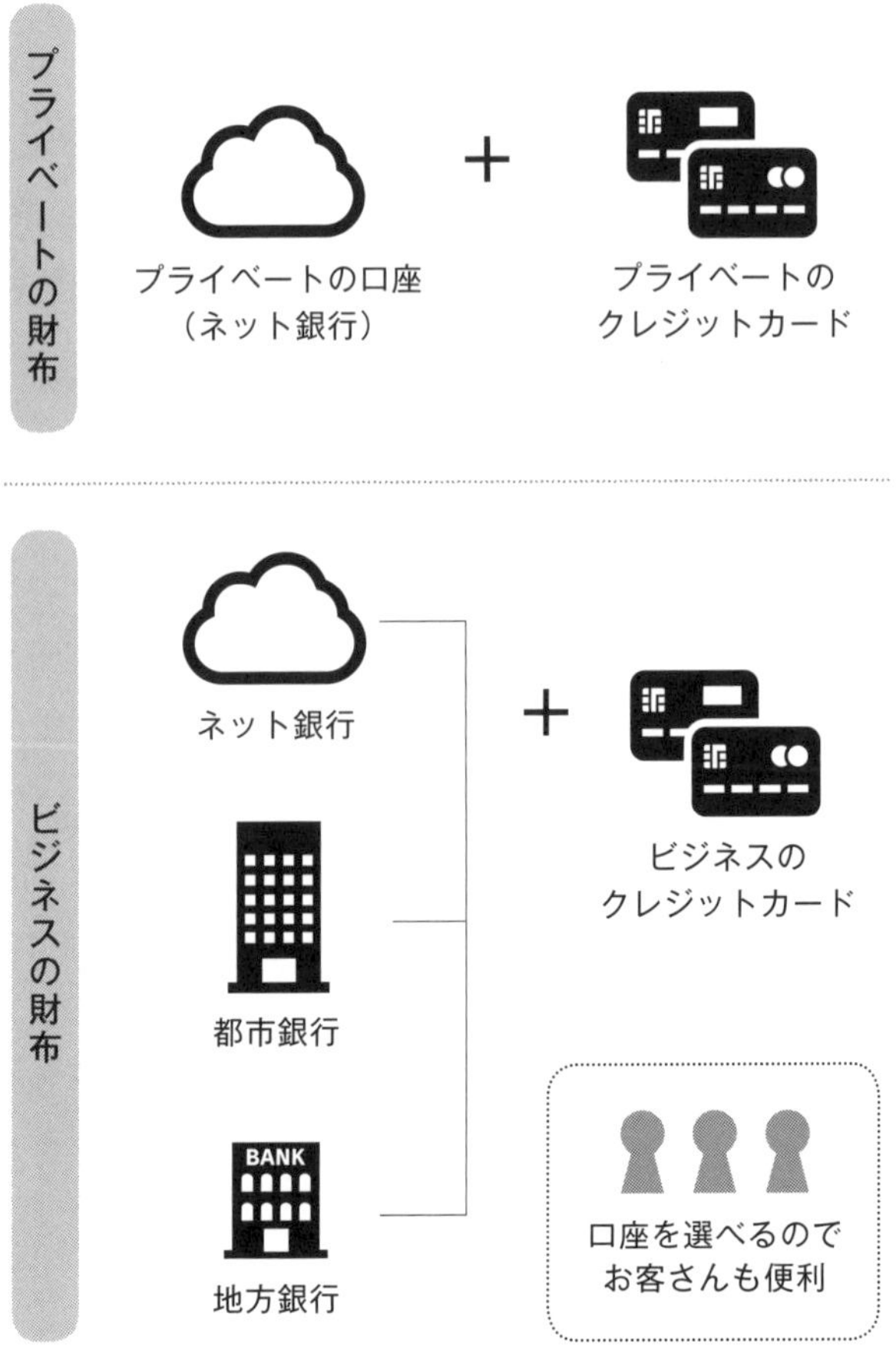

法人化もオフィスも不要、「あせらず、見栄を張らず」が合い言葉！

「ひとりビジネスでは、法人化したほうがいいのでしょうか？」

とよく聞かれます。結論から言います。

「慌《あわ》てないでください！」

ひと昔前よりも、簡単に「株式会社」を設立できるからといって、安易に法人化すると痛い目にあいます。**あせる必要はないのです。**

もちろん、名刺に「株式会社」と記載したほうが信用してもらいやすいとか、ホームページなどにもきちんと会社概要を表記できるとか、メリットもあるでしょう。

しかし、目安として、年間の純利益（年商ではなく！）がコンスタントに700万～800万円を超えるまでは、法人化しないほうがいいでしょう。

法人化しても税制上のメリットは少なく、すべての経費が法人価格（たいてい高額）になってしまい、個人に対するサービスも適用されなくなります。むしろ、出ていくお金のほうが多くなってしまうのです。

かしこい人たちは、安易に法人化せずに、「個人事業主」としてやっています。

大切なのは売り上げではなく、利益だということ。たとえ1000万円の年商（売り上げ）があったとしても、純利益が年10万円だったら、トホホな結果ですよね。

まずは、年間利益300万円（月に25万円）をめざし、次に1000万円（月に80万円以上）、そして2000万円（月に160万円以上）とステップアップしていきましょう。そこを超えたら、次のステージのことを考えればいいのです。

また、「ひとりビジネス」の初心者がミスしがちなのが、オフィスのこと。

「ひとりビジネスを始めるぞ！」と意気込む気持ちはわかりますが、**専用オフィスは利益が潤沢に出るようになってからで十分です。**

見栄を張って、オフィスを借りたり秘書を雇ったりするから、倒産するのです。

家賃と人件費が、どれだけ経営を圧迫するか！　失敗してから後悔しても、何も残りません。

最近は、大都市を中心に「コワーキングスペース」と呼ばれるシェアオフィスが増えています。これは、専有スペースとフリースペースを併用し、利用者同士の交流をうながすオフィスのこと。「ひとりビジネス」に必要な人脈作りにつながることもあり、さらに専用オフィスよりも経費もグ～ンと抑えることができます。

「ひとりビジネス」は見栄を張らずにコツコツと。マイペースで、じっくり伸ばす地道な継続が、大きな花を咲かせます。

自動化の仕組み作りは徹底的に！一度根づくとラクになる

株式会社Continue Marketing LAB
今 努さん（40代・男性）

ひとりビジネスDATA

勉強会を主催し、インターネットマーケティングの専門家によるコンテンツを販売。初心者向けに集客・コンテンツ販売に関するコンサルティングを行う。

年商：約3000万円
職歴：約2年
https://www.cm-lab.net

きっかけは、ある蒸し暑い夏の日。電車通勤に嫌気がさして起業を志しました。その後、約1年間、毎日会社が終わってから1時間ほどカフェに通い、「ひとりビジネス」の準備にあてました。

現在は、月1回、毎回ゲストを招いて、インターネットマーケティングの勉強会を開催しています。初回は少人数から始めましたが、継続して開催したこと、開催日までに必ず参加者の悩みを聞き、勉強会に反映させたことが功を奏し、今ではご好評をいただいています。参加者も、コンスタントに40名ほどになりました。

また、開催した勉強会を動画にし、後日コンテンツにして配信することで、勉強会に参加できなかった方や自宅でゆっくり復習したい方にも、ご活用いただいています。

勉強会に費やす時間は、準備1日、開催1日、ゲスト講師との打ち合わせ1日。1週間に3日くらいです。これが、ルーチンになっています。

全体の流れは、①勉強会グループに告知、②ペイパルで参加費をオンライン決済、③自動返信で会場のご案内、④勉強会、⑤自動返信でアンケート、⑥次回開催のご案内、となります。

また、入金確認は「即日」が必須。忙しさにかまけて放置すると、「これは、なんの入金？」となるので、その日に確認するようにしています。

「ひとりビジネス」の業務は、誰にも強制されないので、自由な時間にビジネスができます。それは、逆に、ダラダラと怠けることもできるということ。私は、１日の過ごし方を試行錯誤し、自分に合ったペースにたどり着くまで苦労しました。

成功のコツは、自分に合ったペースを見つけて「ひとりビジネス」を自動化していくことです。

第6章

【コミュニティ編】

小さなチームで、人生の支えを作る！

「ひとりビジネス」だからこそ、ひとりでやらない！

「ひとりビジネス」はコミュニティを作るビジネスです。

ここまで、テーマを決め、商品を作り、お客さんを集めて売り、自動化してお金を管理する流れを紹介してきましたが、「仲間をつくる」というとても大切なことを説明していませんでした。

「ひとりビジネス」と聞くと、**「ひとりぼっちで黙々とやるビジネス」という印象を持つ人がいますが、「ひとりビジネス」はひとりでやるビジネスではありません！**

「ひとりビジネス」だからこそ、「チームの発想」が重要なのです。

「ひとりビジネス」実践者の多くは、スペシャリストです。

たとえば、「ホームページ制作ならまかせろ」とか、「セミナーならどんと来い」とか、「動画の編集なら誰にも負けないよ」など、ひとりひとりが得意分野を持っていることが多いのです。

残念ながら、ひとりですべてをカバーできる人はいません。

何万人にひとり、オールマイティのジェネラリストがいるかもしれませんが、少なくとも、私もあなたも万能ではないはず。

そこで、チームの発想が大事になってきます。

スペシャリストたちが集まれば、全体でジェネラリストになれるのです。

もちろん、同じ分野の人間だけが集まるのは得策ではありません。

自分にない視点、知識、技術、経験を持っている人と「チーム」を組むからこそ、全体で無敵のジェネラリストになることができるのです。

自分に足りないものを努力で埋めようとするのは、「ひとりビジネス」の発想ではありません。得意な人の力をサクッと借りて助けてもらうのです。

「ひとりビジネス」の最大のコツは、「ひとりでやらないこと」なのです！

スペシャリストが集まって「ジェネラリスト」に

「ひとりビジネス」は、コミュニティを作るビジネスだ。ひとりでやろうとせず、得意な仕事を何人かで分担しよう。

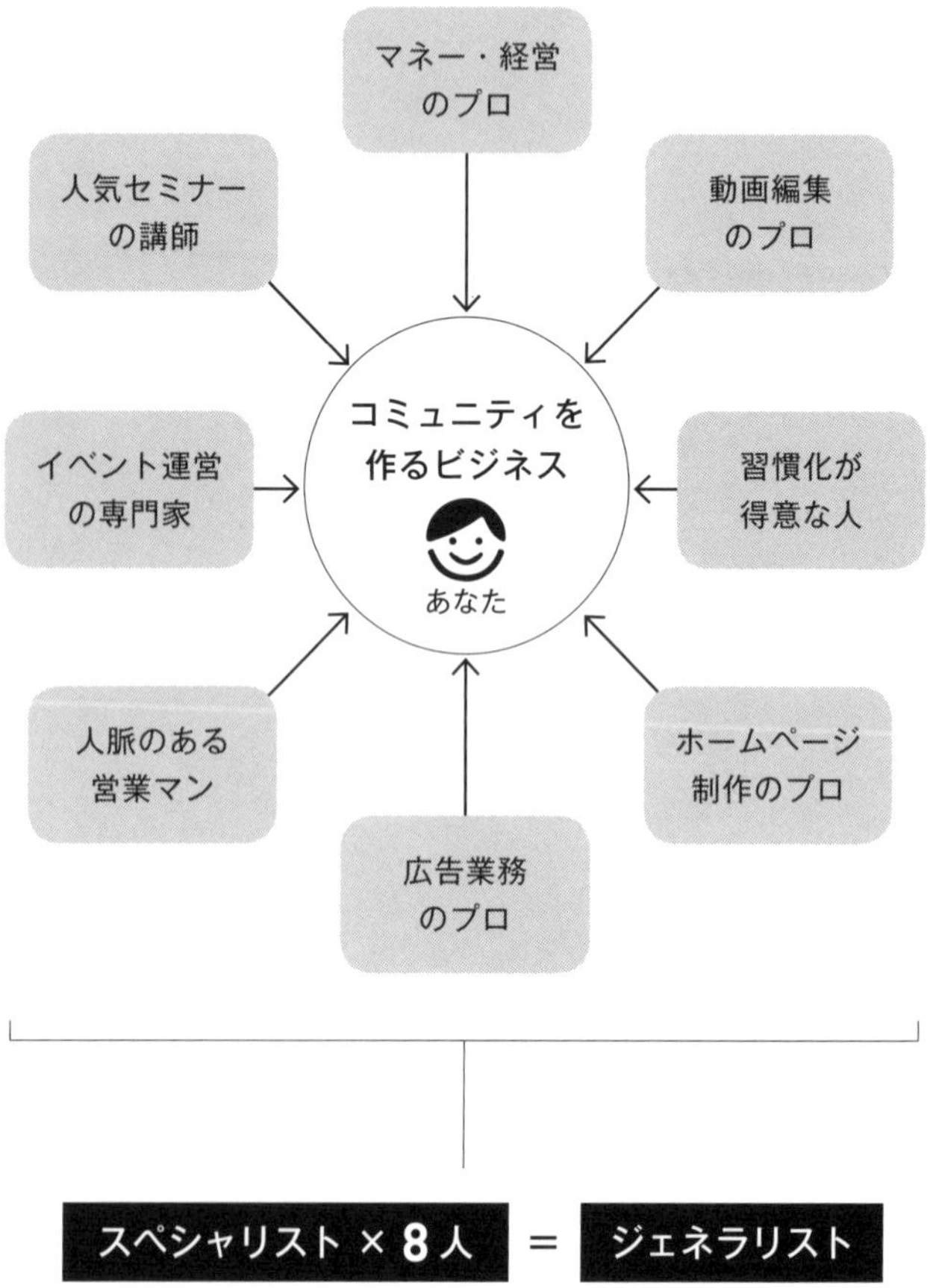

チームメンバーは「自分＋8」！応援し合える人を選ぼう

「ひとりでやらない！」と決めたその日から、チームメンバーのことを考えてみましょう。あなたの「ひとりビジネス」をさらに拡大するために、どんな人が必要なのかを考えるのです。

チームメンバーとしてふさわしいかどうかを決める条件は、2つあります。

【チームメンバーの条件】

① 必要条件……お互いに応援し合える仲間であること

② 十分条件……気軽に連絡して相談できる仲間であること

自分のチームメンバーを考えるときに、まず、この2つの条件を満たしているかをチエックしましょう。

特に、「①お互いに応援し合える仲間であること」が、非常に大切。気分よく応援し合えると、チームがどんどん活性化します。

チームの中で、頻繁に会って、よく話ができる人を「コア・スタッフ」といいます。このコア・スタッフの周辺に、ときどき気軽にお茶を飲んで話せるメンバー（サポート・スタッフ）がいると、チームの雰囲気はどんどんよくなっていきます。

また、チームメンバーは、多ければ多いほどよいわけではありません。チームが巨大化すると身動きがとれなくなります。

チームの規模が小さいほうが、小回りがきくのです。

理想形はあなた以外のコア・スタッフ４名、サポート・スタッフ４名の計８名。そして、男女比は、半分が男性で、半分が女性なら完璧です。

チームメンバーは、上下関係ではなく、ゆるやかに横につながって、応援し合う自由な「仲間」です。「ひとりビジネス」で大事なのは、愉快な仲間、尊敬できる仲間とともに、自分自身を磨いていくことなのです。

「9マス」で始めるチーム作り

チームメンバーを考えるときに、次ページの「9マス」を使ってみましょう。

マスの真ん中に「チーム○○」と、あなたのチーム名を記入して、残り8つのマスに、「ひとりビジネス」の8つの分野のサポートをお願いできそうな人を書き込んでいくのです。

たとえば、ウェブ&システムの分野は、ネットやホームページ制作に詳しいAさん。パーソナル・ブランディングの分野は、プロフィール写真や動画の撮影をサポートしてくれるBさん。コンテンツ&商材の分野は、その道のプロであるCさん。集客&マーケティングの分野は、セミナーやイベントの手助けをしてくれるDさん。ミッション&ビジョンについては、困ったときの相談役としてEさん……。

あなたのチームメンバーを決めよう

「チーム○○」の周辺にある8つのマス目に、あなたが考えるメンバーの名前を記入しよう。

ミッション& ビジョンの相談役	チーム・ コミュニティ運営の 専門家	ウェブ&システムの 専門家
コンテンツ&商材の 研究・改善	チーム○○ ※○○ = あなたの名前	集客& マーケティングの 専門家
パーソナル・ ブランディングの 専門家	習慣化が得意な人	マネー戦略の 相談役

こんなふうに、8つの分野を任せられるチームメンバーを書き込んでみましょう。該当する人が思い浮かばない分野が出てくるかもしれません。それでもいいのです。「マネー戦略のアドバイザーをどうしよう？」空欄があればこそ、こんなふうに普段から気にするようになりますよね。

もちろん、チームメンバーは変更してもかまいません。

「ちょっとこの人は方向性が違うな」と感じたら、また別の人を探して、チームを再編成すればいいのです。

チームには、必ず名前をつけましょう！　チーム名をつければ、不思議な結束力が生まれます。「愛着」が生まれ、ゴールイメージが共有できるようになり、それがチームビルディングにつながります。

チーム名は、「チーム○○」の○○に、あなたの名前を入れるだけでOKです。あなたが隼人さんなら、「チーム隼人」。もちろん、ニックネームでもかまいません。

ちなみに、私のチームの名前は、「チームDEN」です。

#「成功した人の話を聞く」ことが、成功への近道

あなたのチームに「すごい人」はいますか？

「すごい人」とは、「ひとりビジネス」で大成功していたり、人から尊敬されるような社会的地位を確立したりしている人のことです。

チームメンバー8人の社会的なポジションを、頭の中で考えてみましょう。

「周囲の人間を平均したものが自分になる」という考え方があります。

たとえば、山田さんという男性がいたとしましょう。この山田さんが、ふだん仲よくしている友だちを8人ピックアップしました。すると、どうでしょう。面白いことに、ピックアップした8人の年収の平均値が、山田さんの年収と同じだったのです！

知らず知らずのうちに、自分と同じくらいのセルフイメージの人とおつき合いしてしまうのが、人間のサガなのです。

すごい人を招いてチームをレベルアップ

8つのマス目に、すごい人を招待する。8人のうち、2人がすごいメンバーなら、あなたのチームは次のステージに一気に進めるようになる。

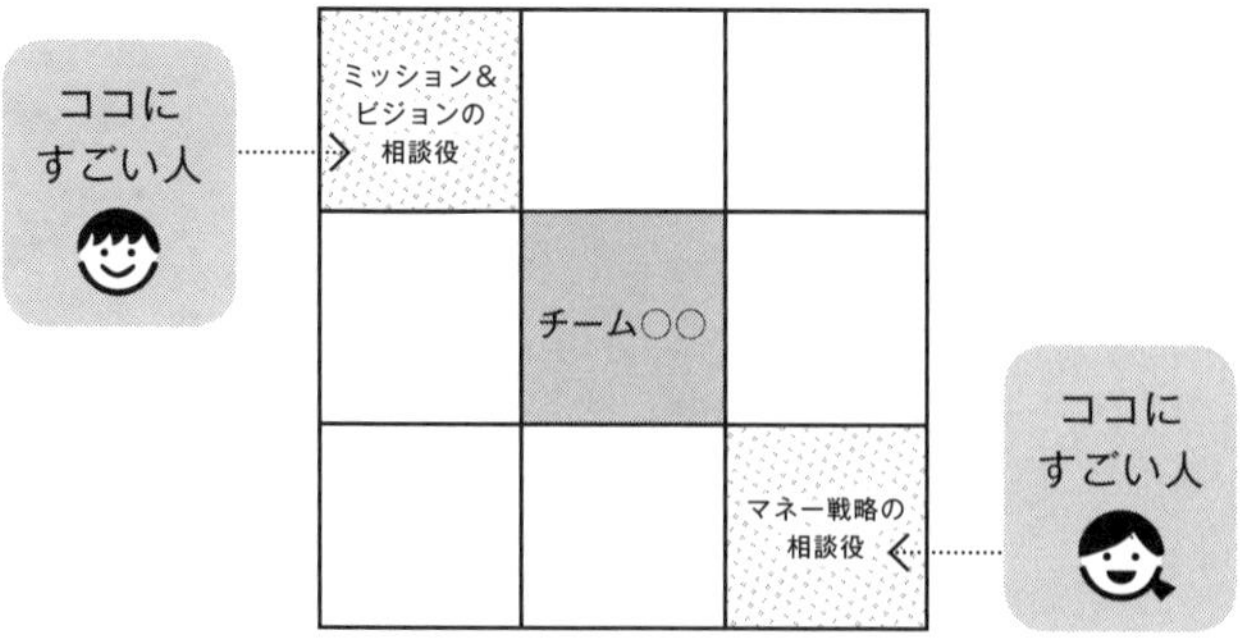

人生のステージを上げようと思ったら、つき合う人を変えるのがいちばん簡単な方法です。会社員がいつもの同僚と、仕事終わりに赤提灯でくだを巻いているうちは、ステージもポジションも変化しません。

あなたのチームを引き上げるために、「すごい人」に入ってもらいましょう。「さわズー」でお願いしてみるのです。

「すごい人」に断られても、気にしなくていいんです。

お断りされたのは、「今はまだその時期じゃない」というだけ。しかるべき時期が来たときに、ステージアップのアドバイスをくれるでしょう。

チームの底上げをするために何をしたらいいの？

「人、モノ、金」が一般的に「経営資源」といわれるものです。この他に「情報」や「時間」も、大切な経営資源とされています。

「ひとりビジネス」で、いちばん大切な資源はなんですか？

答えは「人」です。

モノや時間がたくさんあっても、肝心要《かなめ》の人がいなかったら、電源のないパソコンみたいなもの。電気というエネルギーを供給できなければ、ただの箱です。

「ひとりビジネス」でも、「人」というエネルギーを集めることができなければ、それは絵に描いた餅です。

どんなにいいプランがあっても、机上の空論になってしまいます。

それだけ、あなたにとって、チームメンバーは大事だということです。

いいチームは、あなたの「ひとりビジネス」を3倍速で成功へ導きます。

大切なチームを活性化するいちばんのコツは、ズバリ、チームの「勉強会」です。場所はどこでもいいのです。チームで毎月、勉強会をして、刺激し合い、応援し合う。

「セイムタイム・セイムプレイス（同じ時間に、同じ場所で）」を合い言葉に、習慣化してしまうのです。

メンバーが遠方にいる場合は、ウェブ会議をすればいいだけです。

「ひとりビジネス」で大成功しているTさんは、必ずカメラをオンにしてお互いの顔を出すというルールを実践しています。ウェブ会議は声だけでも成立しますが、あえてお互いの姿を確認する。お互いの顔を見ながら話すことで、チームとしての一体感や連帯感が生まれるからです。

お互いの笑顔がもたらすパワーこそが、チームのビタミンです。

呼び方を変えるだけで、相手との距離が一気に縮まる

チームメンバーやお客さんとの人間関係をよくするために、「呼び名」は大事です。仲間をどう呼ぶか？　どうでもいいように思えますが、長期的に考えると、とても重要なことです。

「クルー」「ファミリー」「同志」「スタッフ」などさまざまな呼び方がありますが、それぞれに、独特のニュアンスがありますよね。

同じように、お客さんの呼び名も、たくさんあります。

「ファン」「参加者」「ユーザー」「カスタマー」「受講生」「クライアント」など、さまざまです。**お客さんをどう呼ぶか、そこに、あなたがどういうスタンスでビジネスをしているかが表れます。**

あなたが教える立場になるセミナーなら「受講生」や「生徒さん」。カウンセラーなら「クライアント」が一般的でしょう。でも、あえて「メンバー」と呼んだほうが、「選ばれた人」というニュアンスが出て、お客さんの満足度が上がるかもしれません。

呼び名は、あなたと相手との距離感で変わります。「呼び方によって、距離感が変化する」と言ってもいいでしょう。

「あなたも、相手も、いちばんしっくりくる」という呼び名は何か？

そう考えて、日ごろからリサーチしましょう。

また、あなたのファンになってくれる人を探すためには、**お客さんとして接するのではなく「大事な友人・仲間」として接することが大事です。**相手の名字（上の名前）だけではなく、名前（下の名前）やニックネームも覚えましょう。

相手をファーストネーム（下の名前）やニックネームで呼べば、距離がぐっと縮まります。呼び方をちょっと変えるだけで、相手と親しくなれるのです。

呼び名を変えるだけで距離が縮まる

人と人の親密度は、呼び名によって変わる。ときどきジャンプして、呼び名を変え、距離を縮める努力をしてみよう!

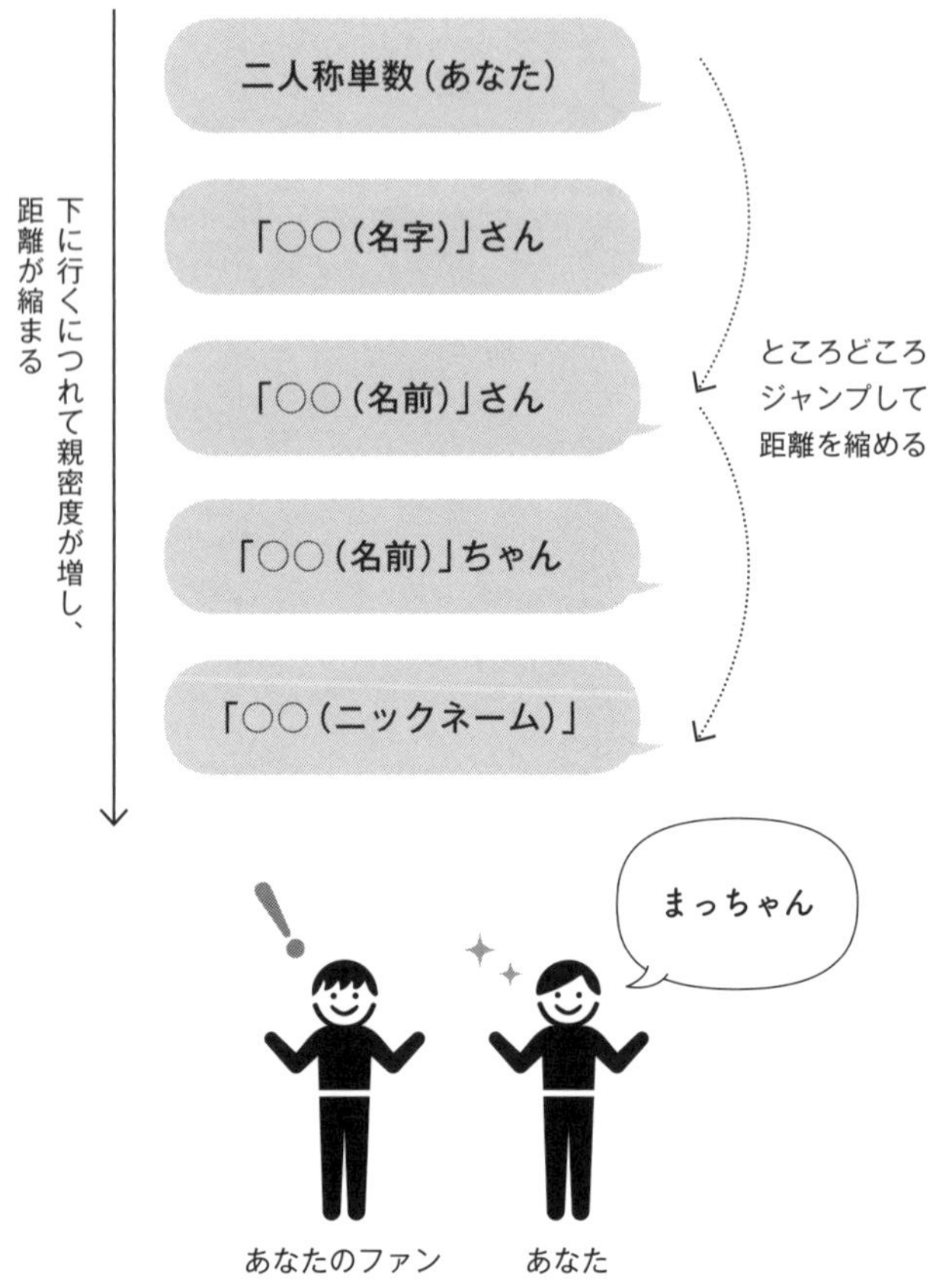

コミュニティの目標2万人！いちばん身近な人からファンにする

「ひとりビジネス」において、チームと同じくらい大切なのが「コミュニティ」です。コミュニティとは、「ファン」の集合体。単なる客ではなく、あなたの「ひとりビジネス」を盛り上げてくれる「サポーター集団」です。

では、あなたのコミュニティの中で、いちばん大切な人は誰ですか？　たくさん商品を買ってくれるお得意さんでしょうか？　違います！　もう気づきましたよね。それは、あなたの家族です。

あなたの家族をファンにできなければ、「先行《さきゆ》きは暗い」と言えるでしょう。

家族こそが、あなたの「ひとりビジネス」の最強のサポーターであり、もっとも大切にしなければならないメンバーなのです。

人生のパートナー（配偶者）や家族から応援してもらえないような「ひとりビジネス」は、結局は破綻《はたん》していきます。**まずは、あなたの家族をファンにしましょう。**

そして、次の4つのステップを踏んで、広げていきます。

【コミュニティ作りのステップ4】
ステップ1：あなたの家族をファンにする
ステップ2：5人をファンにする
ステップ3：3人増やして、8人を大ファンにする
ステップ4：その8人の大ファンをさらに、大きく増やしていく

目標は、2万人です。すでにお伝えしたように「アクティブなメルアドを2万件以上持ったら、黙っていても食べていける」と言われているからです。

いちばんパワーが必要な部分は、ステップ3の「大ファンの8名作り」です。ここにしっかりフォーカスして、「ファン作り」を始めましょう。

合い言葉は、「身近な人を大切に！　身近な人から幸せに！」です。

いちばん身近にいる家族からファンにする

いちばん身近にいていちばん応援してくれるのは、あなたの家族。身近な人からハッピーの輪を広げていこう。

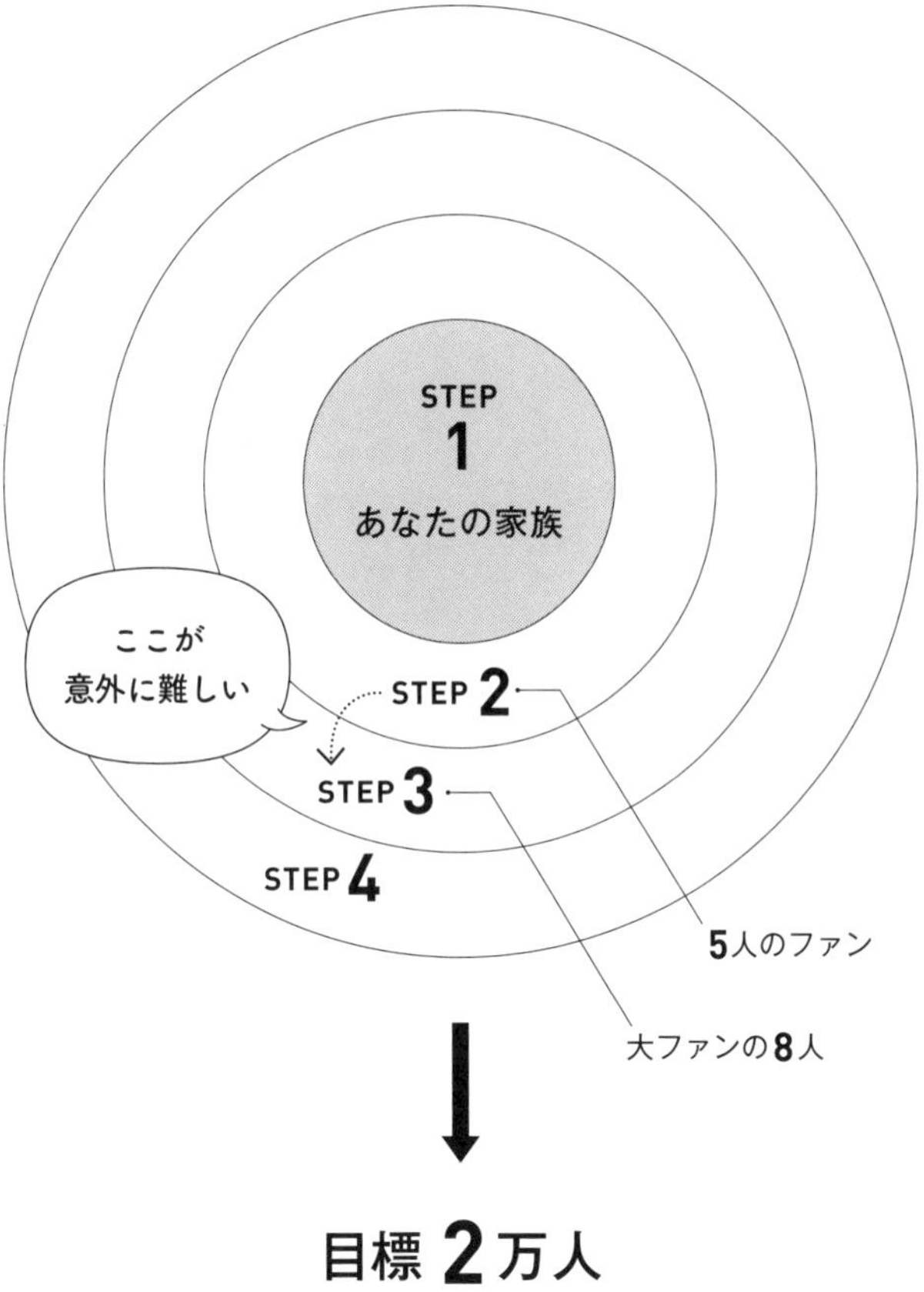

ネットとリアルで「ファン」とつながる

「ひとりビジネス」のキーワードは、「小さなチーム、大きなコミュニティ」です。

チームをできるだけコンパクトにする一方で、コミュニティは大きく育てましょう。

コミュニティを大きく育てるなら、SNSは欠かせません。フェイスブックやツイッター、インスタグラムなどが代表的ですが、しっかりしたコミュニティを作るなら、クローズド（閲覧を限定できる）のSNSが向いています。

商品を購入した人だけが見られる、セミナーの参加者だけが招待される、そんなクローズドのSNSをベースにすれば、ファン同士のつながりがぐっと強くなります。

そして、もう1つ、忘れてはいけないのが「リアルな場」を作ってコミュニティを盛

コミュニティの受け皿は２つ必要

リアルな場とネットの場を2つ用意しよう。両方の場を用意するのがコツ！ バランスが重要。

リアルな場

駅前のカフェ

ファンと直接顔を合わせる

ネットの場

クローズドなSNS

ファンだけで交流

り上げることです。実際に顔を合わせて話をする「場」を設定するのです。

オススメの時間帯は朝。場所は駅前のカフェで十分です。はじめは数名でOKです。

私の場合は、毎月1回最終土曜日に「プレミアム朝カフェ」という名前で、希望者が顔を合わせる場を設けています。

「セイムタイム・セイムプレイス」で、コツコツ続けることで、コミュニティが育っていきます。

時間や場所に縛られない「ネットの場」と、定期的な「リアルな場」を同時に設定することで、あなたのコミュニティが活性化して、成長していくのです。

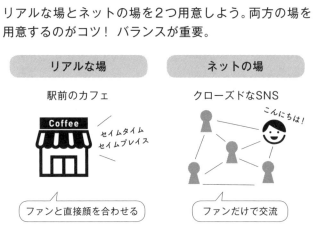

あなたとファンは相思相愛！

「ひとりビジネス」をどんどん推し進めていくと、あることに気づきます。

それは、**「ひとりビジネスは、ファンビジネスだった！」という真実です。**


あなたの「ひとりビジネス」をサポートしてくれるチームのメンバーは、あなたのファンになってくれます（あなたを嫌いな人は、あなたを応援してくれません）。

あなたの商品・サービスを購入してくれるコミュニティのお客さんも、間違いなくあなたのファンです。

つまり、「周辺にいる人は全員あなたのファンである」ということなのです。

だから、結論はこうです。

チーム作りは、ファン作り。コミュニティ作りも、ファン作り。

そして、あなた自身があなたのチームのメンバーを信頼しないと、チーム作りがうまくいかないことに気づきます。

同時に、あなた自身がコミュニティのお客さんを大好きにならないと、コミュニティを成長させることできないということもわかるようになっていきます。

つまり、あなたが「ファン」のみなさんひとりひとりを愛し、大切に思い、応援しなければいけないのです。

相思相愛とは、まさにこのことですね。

「ひとりビジネス」は、人間関係を学びながら、ビジネスを通してファンと調和できる、すばらしい仕事です。

ダイヤモンドは、ダイヤモンドでしか磨くことができないように、人は、人でしか磨かれません。

「人の間」と書いて、「人間」。あなたとファン、ファンとあなた。

その関係性の中で、「ひとりビジネス」が成り立っているのです。

06 事例ファイル

仲間といっしょにチームを組めば、失敗も財産になる！

プロダクトローンチ実践講座

◇田中祐一さん（30代・男性）

ひとりビジネスDATA

ウェブマーケティングを活用し、6か月間のコミュニティを主催。商品提供者とプロモーション責任者に分かれてマーケティングを体験してもらう。

年商：約6億円
職歴：約6年
https://the-lead.biz/

一部上場企業でシステムエンジニアとして働いていたとき、当時の彼女の紹介で、ある起業家と会食。完全にビビり、喋れなくなりました。それがきっかけで、彼女にフラれました。後日、「稼いで元カノを見返す！」と一大決心して、退職届を提出。根がビビリなので退職は6か月後。その間に準備を進めました。

ひとりで始めたビジネスもコミュニティが育つことにより大きく伸びていきました。私が運営しているのは「ウェブマーケティングを実践したい人たちのコミュニティ」。ビジネスマインドを鍛える、フェイスブックを発信し続けるなどの目的を決め、30日間体験を共有します。

主催者である私もメンバーといっしょに企画に参加することで、コミュニティを「全員で成長する場」として活用しています。

コミュニティ運営における注意点は、小さなチームを作ること。何十人も人が集まると、人は自分で行動・発信するのを制限します。だから、小さなチームを組んで行動力を高めることが基本です。**その小さなチームを、定期的に入れ替えることで、自然とメンバー同士の交流が増える。**そういう仕組みを導入しています。

また、先輩が後輩をサポートする制度も取り入れています。勉強会の開催、イベントの企画は先輩の仕事。先輩が動けば、コミュニティに活気があふれます。

私も「ひとりでがんばる」という仕事のやり方は向いていませんでした。仲間といっしょに役割を分担し、得意分野に集中できるチームを作ることが第一。自分がコミュニティを持てば、リーダーの自覚もできます。

そして、**仲間がいるからこそ、失敗は貴重な実践データとなり、成功は貴重なノウハウとしてシェアできるようになるのです。**

第7章

【未来編】

常に「Why」を問い続ける

あなたがめざすべき未来は、どのポジションにあるのか？

ここまで「ひとりビジネス」に関する基本的なフレームワークをお伝えしてきましたが、すべてを理解しても、すべての人が成功するとはかぎりません。

うまくいかないこともあるでしょう。人間関係に悩むこともあると思います。

「これから、どう進めばいいのか、わからなくなった」

と嘆くようになるかもしれません。

そんなときは、**あなたが今、どのポジションにいるのかを確認しましょう。**あなたの「ひとりビジネス」が、世の中のどこにあるのかを確かめるのです。

264ページの「意識とパワーのマトリックス」を見てください。

縦軸は、あなたの「意識の高さ・低さ」です。

人の役に立ちたい、社会に貢献したいなどを意識する度合いを表します。

横軸は、あなた自身の「パワーの強さ・弱さ」を表します。周囲の人を巻き込み影響を与える力の強さの度合いを示します。

たとえば、意識高い系（と揶揄される人）は「意識は高いが、パワーは弱い」の領域に入ります。論理や知識は十分なのですが、残念ながら実行力が伴いません。

一方、詐欺まがいのやり方や違法すれすれの取引で稼ごうとする人は、「意識は低いが、パワーは強い」の領域にいます。実行力があり稼ぐ力もありますが、遵法の精神が欠如しています。

そして、「ひとりビジネス」をする人がめざすのは、「意識が高く、パワーも強い」という領域です。どうですか、すばらしいと思いませんか？

「ひとりビジネスがめざすのは、幸せな成功者」の領域です。

少しくらい失敗しても、あきらめないでください。

失敗は成功のマイルストーン。早い段階で「小さな失敗」をたくさんすることが、大きな成功への近道なのです。

意識とパワーのマトリックス

意識の高低とパワーの強弱を基準にすると、下のようなマトリックスに整理できる。あなたの「ひとりビジネス」がめざす場所を確認しよう。

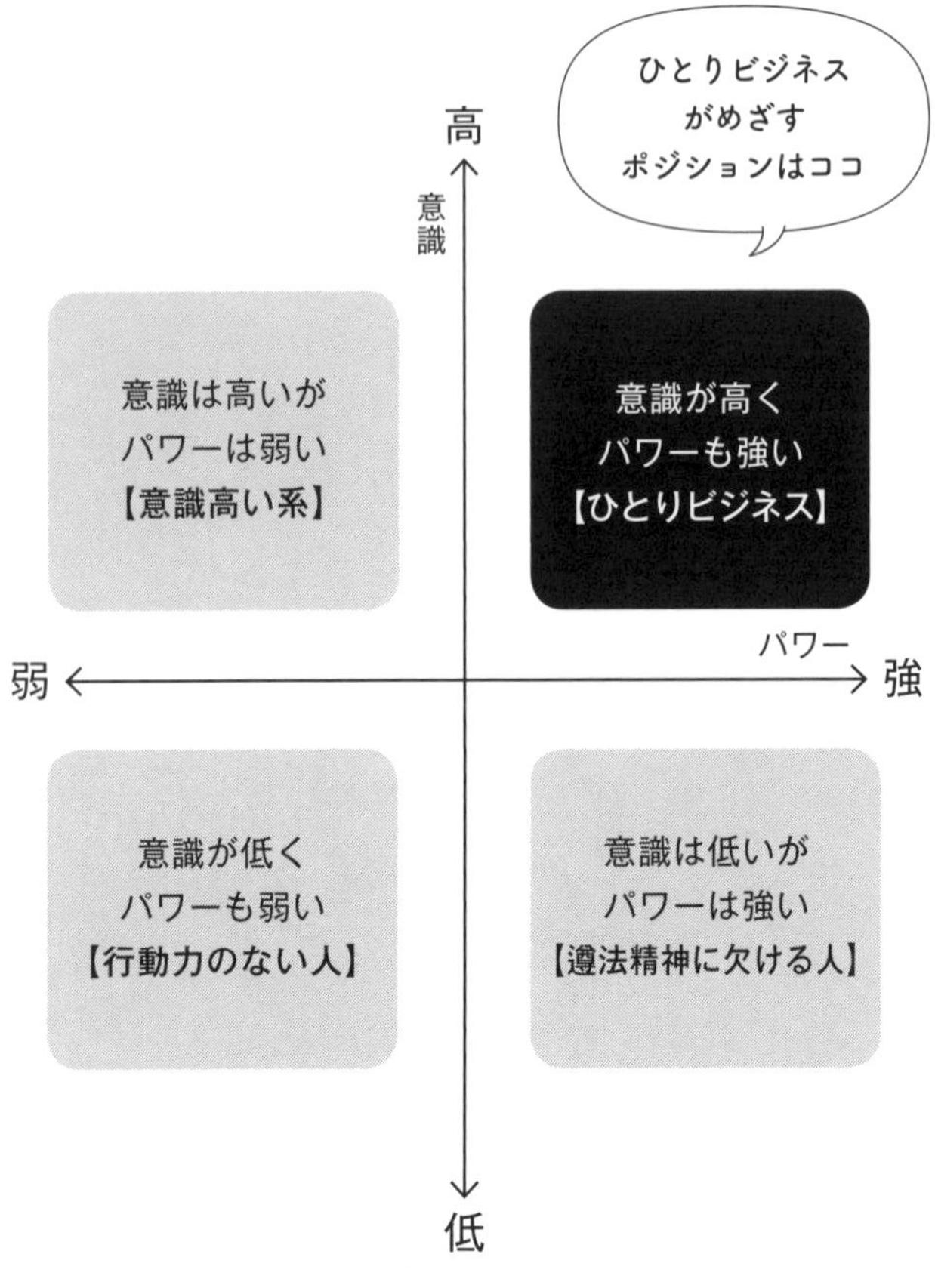

ミッションとビジョンを決めれば、あなたは無敵！

では、もう少し具体的に、成功を勝ち取る方法をお伝えしましょう。

「ひとりビジネス」を成功へ導くカギは、「ミッション＋ビジョン」が握っています。

「ミッション」とか「ビジョン」とか、なんだかよくわからないという人もいるかもしれません。１つずつ説明しましょう。

まず「ミッション」とは、「使命」のこと。使命とは、命の使い方。「残された自分の生命エネルギーを、どこに使うのか？」を決めることです。自分のミッションに気づいたとき、人は命のエネルギーをどんどん活性化させることができます。

次に、「ビジョン」。**ビジョンとは、「志」のこと。**志とは、自分と自分以外の命の輝きのためになしとげたい目標。あなたの「理想とする世界」、または、あなたの「ゴールイメージ」です。


「ミッションやビジョンなんて、なんだか難しそう」

「そんなことよりも、月3万円のお小遣いを稼げれば十分」

などと考える人もいるでしょう。

でも、ミッションとビジョンを決めることは、とても大切です。

「ひとりビジネス」のミッションとビジョンは、夜空の北極星（ポラリス）のようなもの。**「どんなときも、それを見ればわかる方角がわかる」というように、しっかりとした「ブレない軸」になるものです。**

ミッションとビジョンがクリアにならないと、あちこち迷走するばかりで、ビジネスがうまくいきません。人から応援してもらうことも望めません。

「ひとりビジネス」を成功させたいなら、あなたのミッションとビジョンを決める必要があるのです。

ミッションとビジョンを決めよう！

ミッションとビジョンを決めれば、それがどんなときでも自分軸を示す北極星（ポラリス）になる。

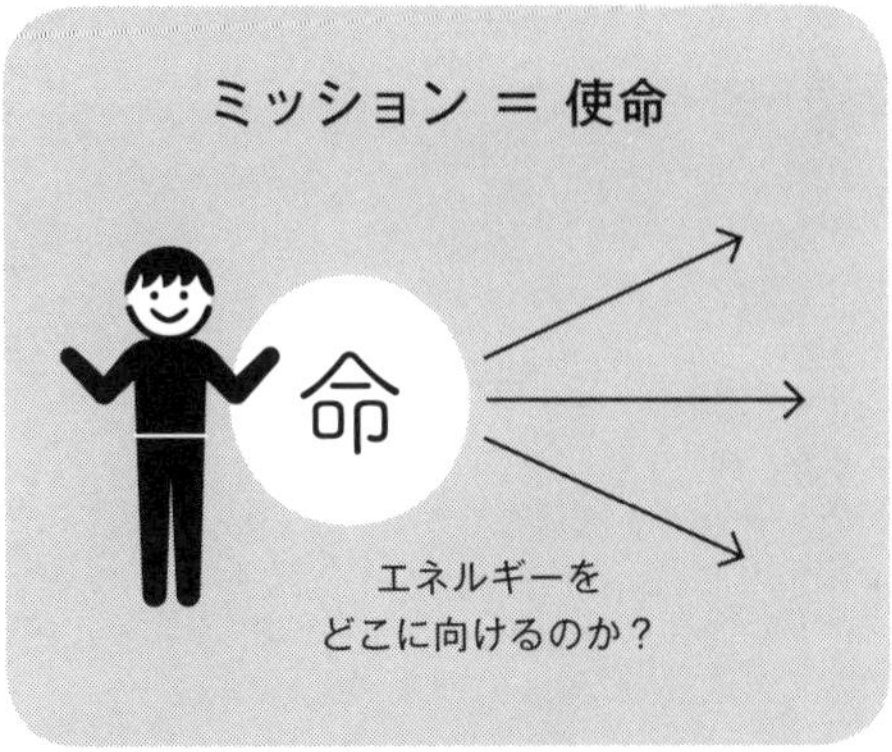

ミッション ＋ ビジョンが
あなたの軸になる

究極の質問でミッションとビジョンにたどり着く

ミッションに気づくための究極の質問があります。

それは、精神科医で心理学者のヴィクトール・フランクルによる人生の意味を見つけるための問いです。ちなみに、フランクルの代表作は、彼自身がナチス・ドイツの強制収容所を生き延びた生々しい体験を描いた世界的ロングセラー『夜と霧』です。

質問は3つあります。

【ミッションを見つけるための質問】

①「私は、この人生で、今、何をすることを求められているのか？」

②「私のことを本当に必要としている人は誰か？　その人は、どこにいるのか？」

③「その誰かや何かのために、私にできることには、何があるのか？」

どれも、「人生の根っこ」へのとても強力で深い究極の問いかけです。特に、質問①に注目。「人生に何を求めるか」ではなく、「自分が何をすることを求められているのか」と尋ねています。

さあ、あなたも、自分に向かって問いかけてみてください。

じっくり時間をかけて考えてもかまいません。

では、あなたのビジョンを見つけるために、何をすればいいのか？

これも、とっておきの方法を紹介しましょう。

それは「なんの制約もなければ」と仮定した２つの質問を、自分に投げかけてみるという方法です。

【ビジョンを見つけるための質問】

①「なんの制約もなければ、どんなふうに暮らしたい？」

②「なんの制約もなければ、どんなことをしたい？」

「イメージ力」こそが、右脳の最大の魅力

普段の生活では、左脳が活発に働く。「なんの制約もなければ」の質問で右脳にスイッチしよう。

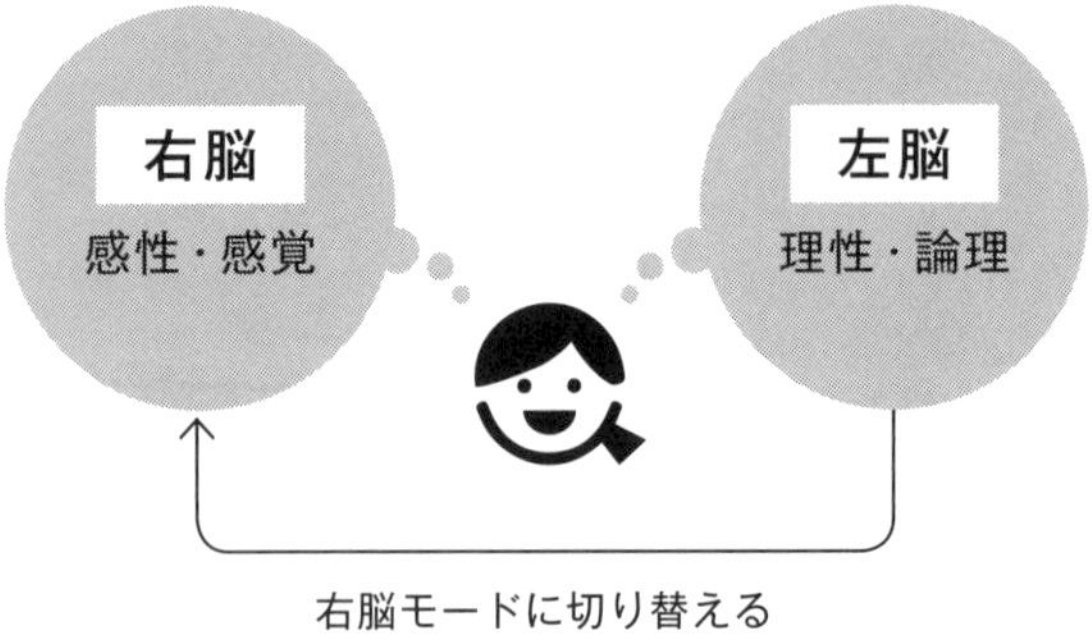

ふだん私たちは、さまざまな制約に縛られて生きています。でも、そういう制約を考慮すると、理性や論理をつかさどる「左脳的な思考」が働き出してしまいます。

そもそも、ビジョンとは、右脳的な感性やイメージする力で描くもの。ですから、まず、その制約をはずすことが大切です。

「なんの制約もなければ」で制約をはずさなければ、心から望んでいる風景が見つからないのです。

どうですか？　ビジョンが見えてきましたか？

時間をかけてもかまいません。ミッションとビジョンがクリアになるまで、納得いくまでたっぷり考えてみましょう。

ミッションとビジョンを脳裏に焼きつける

あなたの「ひとりビジネス」を成功に導くために、まずミッションを言語化してみてください。自分のミッションを書いたものは、「ミッション・ステートメント」と呼ばれています。

一方、ビジョンはビジュアル化しましょう。図にしたり、絵にしたり、写真を活用したりしてもかまいません。こうやってビジュアル化したものを「ビジョン・マップ」といいます。「ひとりビジネス」のゴールとなる世界を、自分の心の中のスクリーンに、ビジュアルとして投影するのです。

次ページの空欄に記入してみましょう。

あなたのミッションとビジョンを記入しよう

ミッションもビジョンも、目に見える状態にしておく。

あなたのミッションは……

フレーズを書く

あなたのビジョンは……

絵を描く

この言葉と絵のダブルパワーが、今後の「ひとりビジネス」の強力な推進力につながっていきます。


「あなたのミッションを教えてくれますか？」と聞いたときに、

「今、手帳を持っていないので、すぐには言えません」などと答える人がいます。

自分の北極星（ポラリス）であるミッションをスラスラ言えないのは情けないこと。

どんなときでも、迷わずに堂々と言えるようにしてください。

また、ビジョンもすぐにイメージできるようにリマインドしておきましょう。

自宅のデスクのよく見えるところに、ミッション・ステートメントとビジョン・マップを描いた紙を貼るのは、いちばんシンプルな方法。タブレットＰＣやスマホの待受画面に表示するという方法もあります。


毎日どこかで、ミッションとビジョンをリマインドする習慣を持つことが大切です。

「ブレている」と感じたときは、「Ｗｈｙ（なぜやるのか）」で原点へ

「ミッションを文字にした、ビジョンも絵にした。でも、なんだかブレてるなあ」

そう感じたときは、とにかく原点に戻ることが大事です。

原点に戻るとはどういうことか？

それは、「Ｗｈｙ（なぜやるのか）」を考えるということです。

「Ｗｈａｔ（何をやるのか）」や「Ｈｏｗ（どのようにやるのか）」よりも大事なのが、この「Ｗｈｙ（なぜやるのか）」です。

なぜ、自分はこの「ひとりビジネス」をやっているのか？　なぜ、この仕事に意味があるのか？　なぜ、売り上げをアップさせることがいいことなのか？

この根っこの部分が、もっとも重要です。

あなたの軸になるもの ＝ Why? の答え

ミッションやビジョンを見失いそうになったら、「なぜやるのか？」と自分に問いかける。その答えが、ミッションやビジョンを再確認するきっかけになる。

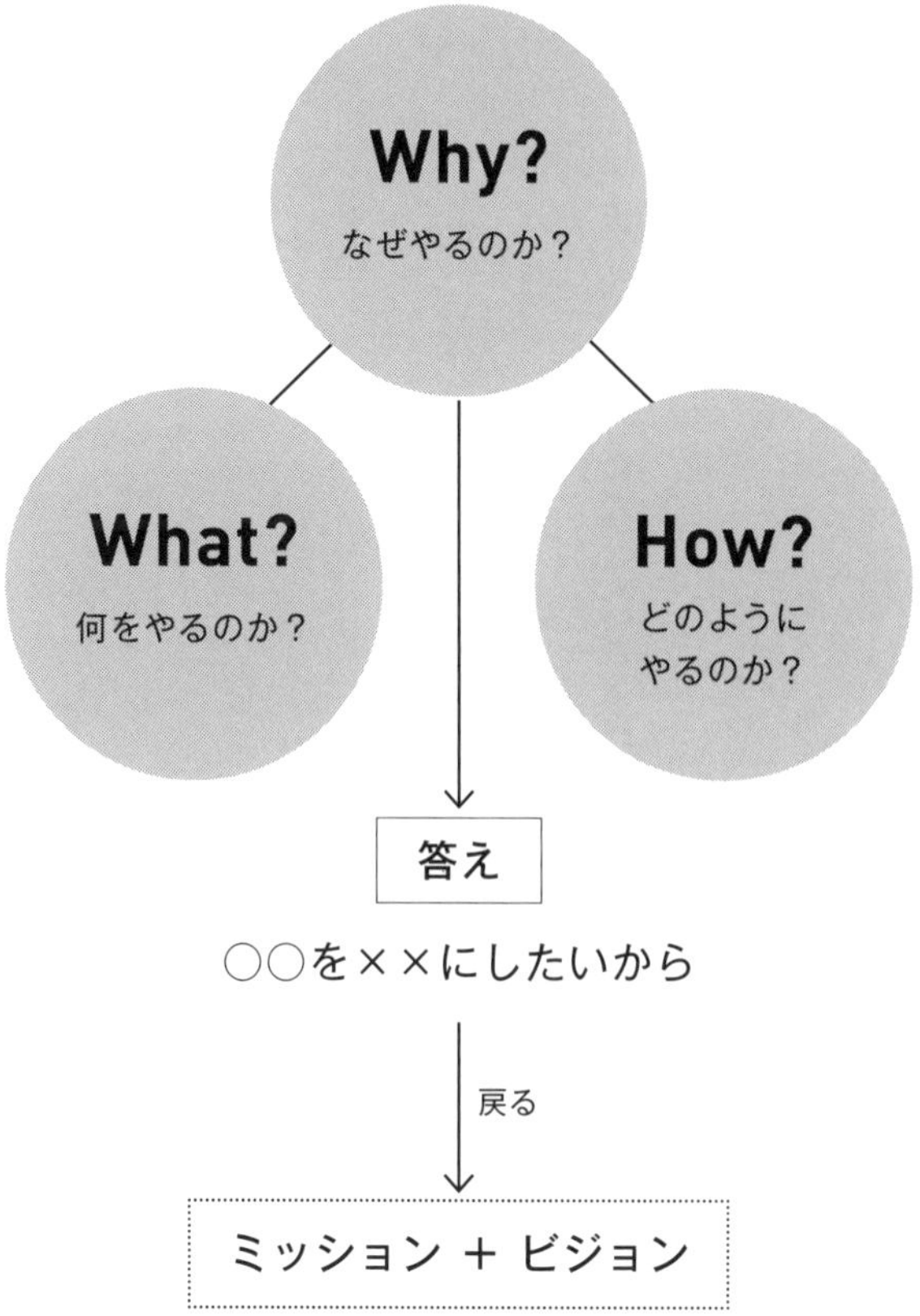

「Ｗｈｙ（なぜやるのか）」という問いに、しっかり答えることができるのであれば、あなたは、根本的にブレているわけではありません。

たとえ、一時的にブレるようなことがあったとしても、すぐに自分のミッションに戻ってくることができるでしょう。

「誰がなんと言おうと、これが自分の軸だ！」と言えるようにする。

つまり、それこそが、あなたの根っこです。

「ひとりビジネス」は、あなたの根っこから芽を出し、やがて幹となり、たくさんの葉をつけて、やがて大輪の花を……というように大きく育っていくのです。

ミッションやビジョンを見失いそうになったときは、「Ｗｈｙ（なぜやるのか）」と問いかけて、自分自身の根っこを見つめ直してください。

応援される人が持っている共通点

「ミッションやビジョンはクリアなのに、ビジネスがうまくいかない。どうすればいいでしょう？」

そんな相談を受けることがあります。

原因はほとんどの場合、ひとりよがり。自分だけがミッションとビジョンを理解しているケースです。つまり、周囲の人と共有できていないのです。

人が何かをできない理由は、３つあります。

「お金がない」「時間がない」「興味がない」のどれか。

あなたが道行く人に募金をお願いしたとしましょう。すると、人は、この３つの理由で断ります。

「寄付するお金がないから、NO！」

「急いでいて時間がないから、NO！」

「興味ないいんだよね、ごめん！　NO！」

どうですか？　確かにそんなものですよね。

では、逆を考えてみましょう。

あなたが応援したくなる人のことを頭に思い浮かべてみてください。あなたはその人のことを、なぜ、応援したくなるのでしょうか？


きっと、その人は、あなたにお金がなくても、時間がなくても、興味がなくても、そんなことは関係なく人を魅了してしまうミッションとビジョンを持っています。

これこそが、「ひとりビジネス」を成功に導く最重要事項なのです。


力強いミッションとビジョンは、エンロールする（他人を巻き込む）パワーを持っています。知らず知らずに巻き込んでしまうから、ビジネスがうまくいくのです。

あなたの周りの人たちが、

「よし！　それなら、ぜひ協力するよ！」

「何か私にできることあったら遠慮なく言って！」
と言いながら積極的に力を貸してくれるような、パワフルでワクワクするミッションとビジョンを、どんどん発信していきましょう。

どうですか？　あなたのミッションやビジョンは、自己満足に終わっていませんか？
ミッションやビジョンを伝えたとき、相手がどんな反応をするかチェックしてみましょう。

反応を見るポイントは、次の２つです。

【ミッションとビジョンのチェックポイント】

①聞いた人の記憶に残っているか？
②聞いた人が他人に伝えたくなったか？

自分だけが納得しているミッションやビジョンは、完成しているものとは言えません。
あなたのミッションやビジョンを伝えた人に、「今も覚えているか？」「聞いたときにどう感じたか?」と率直に尋ねてみましょう。「さわズー」の習慣で、取材してみるのです。

ホンモノかどうかを見分ける方法は、もう1つあります。あなた自身の反応で判断する方法です。

自分のミッションを声に出して読み上げたときに、しっくりこないようなら、それはホンモノのミッションではありません。自分のビジョンをイメージしたときに、ちっともワクワクしないようなら、それはホンモノのビジョンではありません。

魂が打ち震えるくらい、わけもなく感動してしまう。そこに向かって突き進んでいける気がする。課題や壁はあるけれど、そんなものを打ち破るパワーが体の底から湧いてくるような感覚がある。

あなたのミッションやビジョンがホンモノなら、そう感じられるはずなのです。

はじめからいきなりホンモノにたどりつける人は、ごくわずかです。**自分も他人も納得できるようになるまで、何度でもブラッシュアップしましょう!**

ホンモノかニセモノかを自分で見分ける方法

ミッションやビジョンを確認したとき、全身にパワーがみなぎるような状態になるならホンモノ！

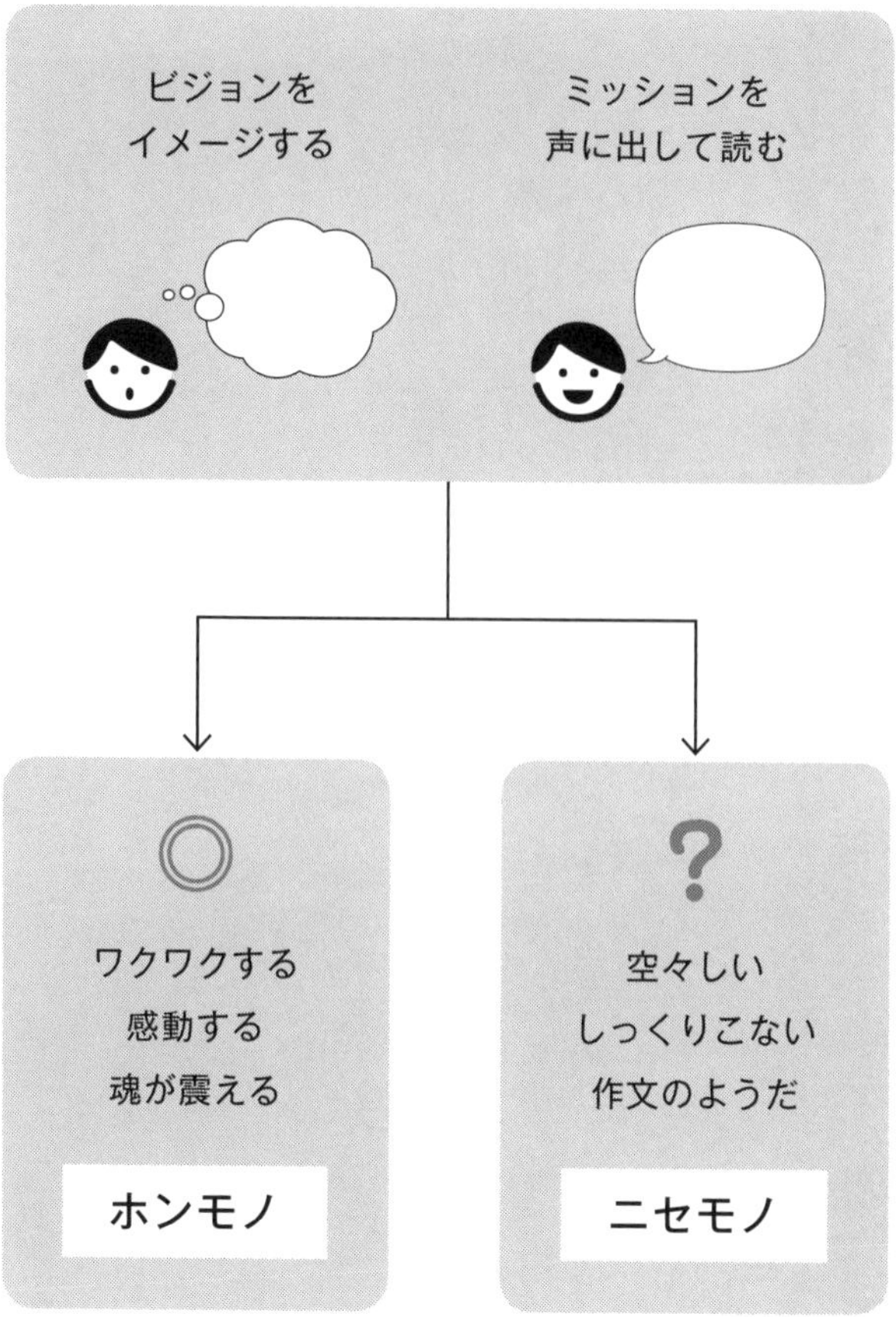

未完成でもかまわないから、アウトプットせよ！

会社の寿命は、どんどん短くなっています。

起業して法人化した会社が、3年もたずに倒産してしまうのは、めずらしいことではありません。「なんだか儲かりそうだから」というだけの理由でビジネスをしていると、いずれ壁に突き当たるのも当然です。

だからこそ、しっかりした「ブレない軸」が必要です。人を巻き込むパワーを持ったミッションやビジョンが求められている理由も、そこにあります。

ただし、はじめから完璧なミッションとビジョンを求める必要はありません。最初は、フワッとしていてもいいんです。ミッションやビジョンをしっかり固めてから「ひとりビジネス」を始めようというスタンスだと、インプット人生のまま終わります。

ミッションもビジョンも現在進行形で修正

あなたの成長とともに、ミッションやビジョンも変化する。走りながら、改善しながら突き進もう！

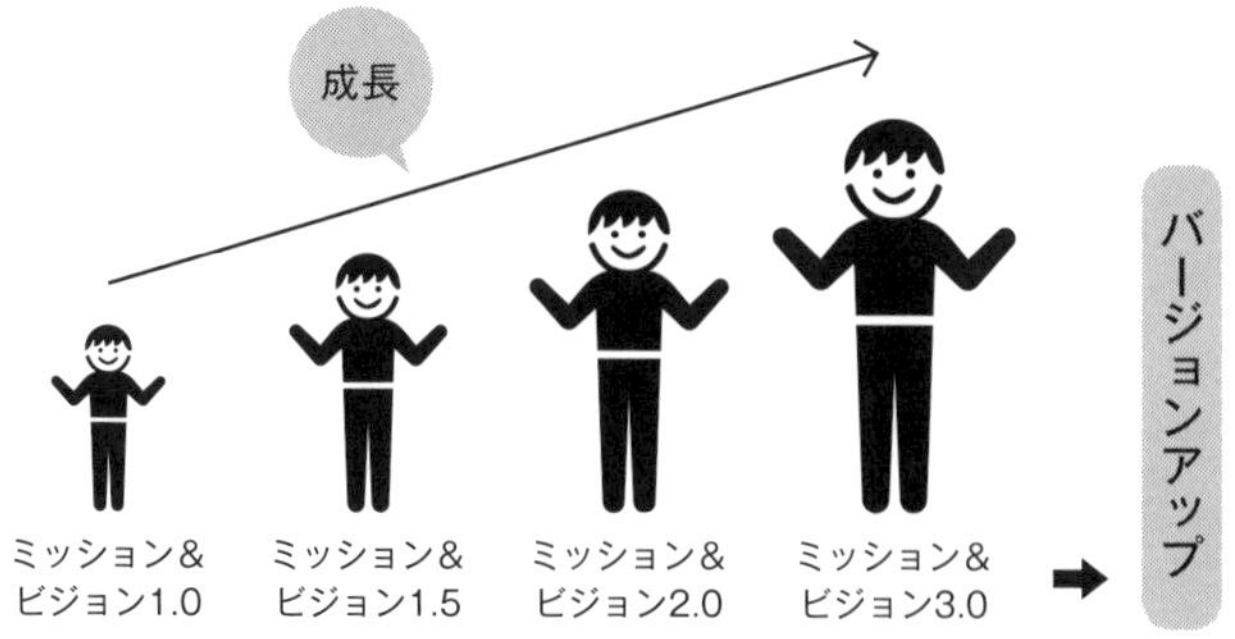

ミッションとビジョンは、絶対のものではないのです。一度書いたものを、見直してブラッシュアップしてOKなのです。ふとした気づきや直感や感動をもとに、どんどん修正していきましょう。

むしろ、修正したほうがベターです。

「ひとりビジネス」があなたを成長させてくれます。始めるときには想像もつかなかった出会いもあるでしょう。あなたが見る世界が、あなたの魂の成長とともに、変化していくのは当然のことなのです。

大事なのは、未完成でもいいから、まず発信すること。迷う必要はありません。

〝発信〟こそが、あなたの〝成長〟のマスターキーなのです！

おわりに

これからは、まさに「ひとりビジネス」の時代です。

組織の中で縛られて不自由に働くのではなく、「ひとりビジネス」をする者同士が、ゆるやかにつながりながら、お互いのヒューマン・ネットワークを活かしつつ、社会に貢献していく。そんな時代の潮流を肌で感じて、小さな一歩を踏み出してください。

たとえば、この本をテキストとして、少人数の勉強会からスタートしてみるのはどうでしょうか？　ひとりではとうていたどり着けない場所にも、仲間といっしょならたどり着けるものです。

まだ見えない未来を、いっしょに創っていく仲間に出会いましょう。

残念ながら、ビジネスの成功と人生の成功は、必ずしもイコールではありません。

仕事で大成功していても、家庭は崩壊寸前という経営者もいます。

でも、「ひとりビジネス」なら、プライベートもビジネスもどちらも大感謝・大満足という「幸せな成功（ハッピー・サクセス）」を実現できるのです。

今日という日は、私たちの残りの人生の最初の日です。

そして、今日という日が、あなたのビジネスのターニング・ポイントになります。

本書が、みなさんのワークライフ・スタイルのマイルストーン（一里塚）として、必ずお役に立てると自負しております。

本書を手に取ってくださったあなたの人生に、
いいことがシャワーのように降り注ぎますように♪

「ひとりビジネス応援塾」塾長
佐藤 伝

【読者の方へ】

特別のご案内

著者・佐藤 伝が直接指導する
あなたらしい「ひとりビジネス」の
作り方・無料動画レッスンと
ひとりビジネス大学の情報を
プレゼントしています！
スマートフォンで、下の「QR」を
読み取ってくださ〜い♪

ひとりビジネス大学

佐藤 伝

（さとう・でん）

【ひとりビジネス習慣の専門家】

脳外科医で医学博士の父と仏教学者の祖父の影響のもと、科学的行動習慣に関して研究を重ね、都心・半蔵門にて30年間にわたって実践指導。氏の薫陶を受けた門下生たちは、各界の第一線で活躍中。親しみやすく謙虚な人柄から「伝ちゃん先生！」と幅広い年齢層から慕われている。人生は、「なんとなくイイ気分でいること」がもっとも大事と、独自の理論を展開。そのエッセンスをスマホで学べる「行動習慣ナビゲーター認定講座（Dream Navigator®）」は、超人気プログラムになっている。『たった１分でできて、一生が変わる！　朝の習慣』『たった1分でできて、一生が変わる！　魔法の習慣』（以上、学研）など、「習慣」に関する著作は国内外で185万部を超える。趣味は筋トレと瞑想。

▶ 佐藤伝・公式サイト　https://satohden.com/

▶ ひとりビジネス応援塾　https://satohden.com/juku/

▶ 行動習慣ナビゲーター認定講座　https://kodoshukan.jp/

▶ ひとりビジネス・マスターカレッジ　https://satohden.com/kouza/mc/

装幀　長坂勇司
本文デザイン・DTP　櫻井ミチ
イラスト　西谷 久
編集協力　鍋倉弘一（ヴァリス）

ひとりビジネスの教科書 Premium
自宅起業でお金と自由を手に入れて成功する方法
2020年8月18日　第1刷発行
2024年4月26日　第5刷発行

著者　佐藤 伝
発行人　土屋 徹
編集人　滝口勝弘
企画編集　浦川史帆
発行所　株式会社Gakken
〒141-8416
東京都品川区西五反田2-11-8
印刷所　中央精版印刷株式会社

《この本に関する各種お問い合わせ先》

●本の内容については
下記サイトのお問い合わせフォームよりお願いします。
https://www.corp-gakken.co.jp/contact/
●在庫については
☎03-6431-1201（販売部）
●不良品（落丁、乱丁）については
☎0570-000577
学研業務センター
〒354-0045 埼玉県入間郡三芳町上富279-1
●上記以外のお問い合わせは
☎0570-056-710（学研グループ総合案内）